心のバリアフリー

壁はいらない、って言われても。

今中博之

河出書房新社

はじめに

心の壁《バリア》を壊すことは正しいことで、そうすべきだと思っていませんか？　私は、「バリアフリー」一辺倒《いっぺんとう》の正義感に引っかかるのです。そうではなくて「壁」を肯定したいし、新たな意味を見つけたい。壁の中に籠《こも》るのも、なかなかどうして、悪くないと頷いて欲しい。そう思ってこの本を書きました。

そもそも壁は二つあります。それは、「壊すべき壁」と「自分を守ってくれる壁」です。壁をゼロにしたからといって共生《きょうせい》が叶うわけではありません。大きな壁に囲まれているから孤独になる？　そうとも限りません。壁は壊すものばかりではなく、自分の手で積まなければならないものもあるのです。

政府は、近年「様々な心身の特性や考え方を持つすべての人々が、相互に理解を深めようとコミュニケーションをとり、支え合う心のバリアフリー」に取り組んできました。小学校では二〇二〇年度から、中学校では二〇二一年度から、高等学校では二〇二二年度から「心のバリアフリー」教育が実施されます。

でも、大きな心の壁は、豊潤《ほうじゅん》な孤独をあたえてくれるし、沈黙の中で生きる意味、死する意味を学ぶことができます。小さな心の壁は、他者と適度な距離感をあたえ共生には欠かせない存在です。一方で、壊すべき壁を完全にフラットにするなんて不可能です、きっと。でも、時には、壊れないとわかっていても、ハンマーを振り上げて挑《いど》まなければならないこともあるし、壁を壊すことで新たな苦しみが生まれることもある。その苦しみから逃げるために、もう一度、壁が積み上がるのを願う人もいます。

壁をコントロールすることは、とても難しいことです。誰もが経験する虐《いじ》めや差別などの「如何《いかん》ともしがたい苦しみ」から自分を守るために、壁の壊し方や積み方、籠り方や逃げ方の練習をしなければならない。その練習は、本来のバリアフリーとは違うもう一つの答えを導いてくれるはずです。それを「逃げ道」と言ってもいいでしょう。

リアルな練習は、著者が運営する「アトリエ インカーブ」(以下、インカーブ)で日々実践されています。インカーブは、知的に障がいのあるアーティストとデザイナーであるスタッフが協働する公的(社会福祉法人)なデザイン事務所です。アーティストは作品を制作し、デザイナーや画家、フォトグラファー、建築家などのスタッフは、彼らの生活をサポートしながら、作品を国内外の展覧会やアートフェアで発信しています。公的な資金と民間の資金を有効に使った両者の協働は、国内初の事業システムです。

インカーブを運営する私には、一〇〇万人に一人といわれる先天的な身体障がいがあります。今ではその障がいは両手・両脚に及び、杖があれば数十メートル程度は歩けますが、それ以上になると車椅子や車を使っています。

私は、一つ目の大学を卒業してから、インハウスデザイナーとしてショールームや博覧会の空間デザインを担当してきました。その後、障がいが進み、順風満帆《じゅんぷうまんぱん》に見えたデザイナーとしての生活に迷いが生じてきます。そんな時に出会ったのが知的に障がいのあるアーティストたちでした。彼らの作品に魅了されると同時に、彼らが味わってきた如何ともしがたい苦しみを知ることになります。その後、効率至上主義の中でデザインの本質を見失いかけ、会社を退職。公的なデザイン事務所であるインカーブを立ち上げました。

現在では、東京2020オリンピック・パラリンピック公式アートポスター制作者の一人であるアーティストや国内外のアートフェアに出品する稀《まれ》なアーティストが育っています。私は、アーティストを守るために大きな壁で外界を遮断《しゃだん》しつつ、時には壁を壊し世界にアクセスすることを試みました。今では、開きっぱなしを否定し、閉じられた壁を肯定することもできます。

ところで、私は一見するとつながりがないような三つの学問を学んできました。まずはデザイン学を、次に仏教学を、最後は社会福祉学です。はじめから三つの学びが必要だと思っていたわけではないのですが、デザイナーとして働くうちに、そもそも働くこと、生きていくことに迷いが生じてきて仏教に助けを求めました。そして、社会福祉の仕事と学びを通して、デザイナーの本来の仕事は恵まれた人ではなく生活に困りごとをもっている人を対象とするべきだと考えるようになりました。

この本では、どちらかと言うと仏教と社会福祉から壁を眺めてみましたが、私の出どころはデザインです。ところどころ、そのあたりが顔を出します。三つの領域を行ったり来たりしていたら、壁のうっとうしいところや愛《いと》しいところが見えてきました。

もし、あなたが壁をゼロにしなければならないと本気で思っているなら、それは違います。壁をゼロにすることだけが正解ではありません。目の前の大きな壁の中に籠ってもいいし、顔だけ見えている高さの壁を用意してどっちつかずの宙ぶらりんを決め込むことも悪くない。自分の力で壁をコントロールできると思い上がるのか、それともコントロールなんてはじめからできっこないと諦めるのか。どちらの手も、ないことはない。

私が壁の中で考えた「共生」は、お互いの苦しみを分けあう「共苦《きょうく》」にたどり着きました。障がいの有無にかかわらず、共生と共苦を考える鍵は壁の中にあるように思うのです。

二〇二〇年初夏

今中博之

目次

壁はいらない《心のバリアフリー》、って言われても。

はじめに……001

第一章　壁をゼロにしてみる……015

1私が花に一致する／2マジョリティって、誰？／3椅子からひっぺがさないで／4イーブンの法則／5平均人のやるべきこと／6ややこしいこともやってくる／7「私」を誰かに依存していく／8「きちんとする／させる」は誰のため／9バラバラでも同じ人間です／10その他大勢に紛れる幸せ

第二章　大きな壁を作ってみる……043

1ヒトカタマリの時間をもとう／2「恐慌ボタン」を押してください／3ゆっくり引っ張り出す／4ノーガードの人を殴ってはいけない／5「仕方がない」は人生の前提です／6諦めてください／7さみしさを選ぶ／8語らなくてもいいんです／9悲しみを悲しみのままで終わらせない／10ひとりぼっちなんてない

第三章　顔だけ見えている壁を作ってみる……069

1つながりたいけど、切れてもいたい／2規格外のグローバル人材／3「そやな」で共存する／4「お野菜さんが喜ぶね」／5塩梅のいい配分／6適当な生活／7なにもかも「因」しだい／8ようは、間があく／9閉じながら開く／10やっかいで煩わしい小さな人間関係

第四章　つまずく壁を作ってみる……095

1摺り足でバランスをとる／2つまずいた時の身構え方／3助けたいと思ったら助けたらいい／4さっさと問題を放り出してみる／5バラッキが埋め込まれた社会／6根っこの部分をさらけだす／7つまずいた仏様／8あなたの怒りは何ですか?／9「私の立場」の「中心」をズラす／10強者のつまずき

第五章　対談　×熊谷晋一郎
「一人ひとりで、共に」壁を考える……121
「物語」と「からだ」の喧嘩／傷に意味を与えてみる／「一本の太い糸」をたぐりよせる／「脆弱性原則」を守るということ／差別はなくなりますか？／アジャイルな組織で痛みをシェアする

第六章　壁をコントロールしてみる……159
1自分の手柄だと思い込む／2見えない規律／3成長と共生のレール／4デザインには非差別化する力がある／5すべての人を等しく扱う暴力性／6他者に干渉されない／7一丁前のプロですから／8そっとしといて欲しいと願う／9幸せの眺め方／10ずっとそのままは無いよ

添書き　居心地の悪い壁と、いい壁……187
1仏教的なるものを選んだわけ／2弱者はターゲットじゃない／3「好意」が排除の芽になる／4二つの物語／5人々に代わって苦を受ける／6ヒルコ・カムバック！／7欺瞞を抉りだす／8愚か者だから救われる／9付近にしか立てない／10意志はあやふやでいい／11納まるところに納まる

おわりに……217

装幀・本文デザイン　坂野公一＋吉田友美（welle design）
装画・挿画　花松あゆみ
編集協力　今井章博

壁はいらない《心のバリアフリー》、って言われても。

第一章　壁をゼロにしてみる

あなたは、
壁をゼロにすることを
本当に願っていますか？
他者の喜びを
自分の喜びとしたいなら、
他者の苦しみも
自分の苦しみとしなければ
道理が合いません。
共に生きることは、
生半可なことではないのです。

１　私が花に一致する

私たちは、美しい絵画を見たり音楽を聞いて感動することがあります。悲しむ他の人の姿を見て涙を流すこともあります。なぜ、我がことではないことに私たちは心を揺さぶられるのでしょうか？

西田幾多郎《にしだきたろう》は、次女を喪《うしな》った時に、このような言葉を残しています。「我々が花を愛するのは自分が花と一致するのである。月を愛するのは月に一致するのである」（『善の研究』）。西田は、「知（言葉の力）」と「愛（言葉を超えるもの）」という営みは別々の精神作用ではなく「主客合一《しゅかくごういつ》」の作用だと考えました。自分と対象が一つになろうとする時、共に動き始め「愛」が働くと言います。

私の父は大工でした。子どものころから「大工は、道具が命や」と聞かされて育ちました。木工場の壁には、大小のノコギリやカンナが宝石展示のように美しく配置されています。床は掃除が行き届き、いつでも、作業ができる状態に保たれていました。父は、「ノコギリは押して切るんやない、引いて切るんや」「カンナは、下端面《たんめん》にねじれ定規を当てて確認して、狂っていたら直すんやで。刃の研《と》ぎ方は、ノコギリと違って、押す時に力を入れて、引く時は丸刃にならないように力を抜いて研ぐんやぞ」と教えてくれました。父は、大工道具への「知」と「愛」を私に伝えたかったのでしょう。

人と物の合一が父と大工道具なら、人と人の合一は父と子どもである私です。西田的に考えれば「人と物」「人と人」の間に愛が生まれることになります。「言葉」ではなく、もっと深いところで心と同一になり、自分の心の「言葉にならない思い」を知り、それが他の人の心の中にあることも知らなければならない。

一方で、幼いころに愛が満たされなかった人もいます。不適切な養育（虐待や育児放棄）を受けた子どもは、安心感や愛情が満たされず、親子の愛着《アタッチメント》がうまく築けないことがあるのです。

彼らは、自己肯定感をもてず、幼児期以降に大人や友だちとの関係における心のコントロールが難しい場合があると言います。また、うれしさや楽しさの表現が少ない。つらい時や甘えたい時も素直に甘えられず、人のやさしさを嫌がる。他方で、初対面の見知らぬ大人にも警戒心なく近づいたり、過剰《かじょう》になれなれしい言葉や態度で接するこども。

まず、彼らに必要なのは、心を解放してもなじられることのない居場所と毒を吐いても毒を吸い取るだけの私たちのタフさです。

壁をゼロにして生きることは、「私と花が一致する」ように生きることです。それは、他者の喜びと同じ量だけの苦しみを自分の血肉にする覚悟がいります。「言葉にならない思い」を知り、それが他者の心の中にあることも知らなければなりません。共に生きることは、生半可《なまはんか》なことではないのです。

2　マジョリティって、誰？

多様な人は、一様ではない「弱さ」をもっています。見えやすい障がい者（例えば車椅子に乗っている人や白杖《はくじょう》を持っている人）もいれば、見えにくい障がい者（例えば心臓機能障がいや腎臓機能障がいなどの内部疾患の人、発達障がい者）もいます。彼らは、肉体的にも精神的にも一様ではない凸凹《でこぼこ》があります。そして、マジョリティ（多数派）からマイノリティ（少数派）と呼ばれています。

マイノリティはマイノリティが作ったのでしょうか？　それは違います。自分の首を自分で絞める日本人が二〇％（障がい者と、障がい者と認定されるのは嫌だという人を加えると全人口の二〇％もいるとも言われています）もいるはずがありません。

私が車椅子（つまり私はマイノリティ）で喫茶店に入ろうとした時のこと。「うちのお店は車椅子の人はあかんねん、兄ちゃん、堪忍な」と早口で店員に言われました。「え、なんで？」「なんでも。あかんねん」。理由はさておき、拒否。新幹線の座席に着くためにチケットを確認する場面で、私に話しかける駅員さんはいません。視線はみんな車椅子を押すヘルパーに向けられます。「え、話をしたいのは私なんやけど？」「……」。会話が成立することなく座席まで誘導されます。

喫茶店の例は悪意。これはどうしようもありません。なので、例外です。さっさと忘れるか、行政に「あの喫茶店は、差別解消法（障害を理由とする差別の解消の推進に関する法律）に違反しています」と訴えるか。

一方の駅員さんは悪意でしょうか？　私はそう思いません。接し方をご存じない（マナーを知らないとも言えますが）だけです。では、なぜ「ご存じない」のか？

答えは簡単です。新幹線に乗るマイノリティが少ないから、対応の方法も作法もわからないのです。なぜ「新幹線に乗る障がい者は少ない」のか？　こちらも至って単純。障がいがある人は、新幹線の駅にたどり着くまで何度も交通機関を乗り換え、トイレの心配をし、ヘルパーを見つけるために満面の愛想笑いをして、体力も気力もクタクタ。駅までたどり着くには「よっしゃ‼」って気持ちを高める必要がある。そんなこと、毎度毎度できません。

なぜ、社会はマイノリティに対応していないのでしょうか？　それは、マイノリティではなくマジョリティが社会をデザインしたからです。「マジョリティは想像力がたりひんのとちがうか！」とドヤされても、体験したこともないのに、わからないものはわからない。当然です。よく、わかります。

マジョリティには、（きっと）悪意はありません。ただ、悪意のない善意ほどややこしいものはない。マジョリティにとって便利な社会は、マイノリティにとっては不便なのです。多様な人は、一様ではない「弱さ」をもっていると思われがちですが、実は社会システムを拡大すればマイノリティはマイノリティではなくなります。ハード面で言えば、階段ではなく、スロープでもなく、段差をゼロにする。ソフト面ならマイノリティをまぜあわせた教育を幼児のころから行う。そうすれば、マジョリティとマイノリティの区分けは少なくなるはずです。

3　椅子からひっぺがさないで

私たちは、効率よく仕事をするために管理を強化します。かつて、農業労働者は、日が昇れば仕事を始め日が暮れれば仕事を終えていました。就労時間を厳守する工場労働者に改造したのは産業革命でした。

同じ制服を着せて同じ歩幅で行進させる小学校の運動会では、順位付けをためらっても一糸《いっし》乱《みだ》れぬ行進をやめさせる校長先生はいません。行進を見守る小学生は、体操座りで待っています。その姿勢は、先生の命令に従順な子どもを養成することに役立ちました。両手で両足を抱え込むと胸が圧迫され、息苦しくなります。先生に反抗する気持ちは起こりません。

私は、大勢で盛り上がるのが苦手です。だから、みんなでカラオケには行きません。三三七拍子《さんさんななびょうし》や万歳を強制される宴会はすっぽかしてきました。

私が保育園のころお遊戯《ゆうぎ》会《かい》でこんなことがありました。保育士は、私に舞台の上で蟻《あり》さんの衣装を着て踊れというのです。私は、嫌だから椅子にしがみつきました。それでも、保育士は、力いっぱい私を椅子からひっぺがそうとします。私は、椅子にしがみついて放しませんでした。でも、保育士は引きません。私も引かないのでお遊戯会に参加できませんでした。

みなさんは、「ほんま、変な子やな」とか「踊ったらええんとちがうん、そうせな場がしらけるがな」とか思ったでしょう。きっと、当時も「今中さんとこの子は、どことなく、変わっとるな」と言われていたはずです。でも、私は今でもその意見に異議申し立てをします。踊ることを拒否する人間を強制してはいけない。さらに、お遊戯会から干したらトラウマになります。私は、「椅子に座ったままでええから、顔だけニコニコしといてな、ちょっとの間や我慢してな、ごめんやで」っていう保育士に育てられたかった。

私の管理、強制、抑圧の原点は、私を椅子からひっぺがそうとした保育士の行いです。あれ以降、無理やりなにかを押し付けられることも、行き先を決められることも、気分が良くない。小学校の先生に「なんで、あんたの言う通りにせなあかんねん」と感情的になったり、給食当番の白い服と帽子を忘れたふりをして体操服でスープを配ったりと、指導しにくい子どもだったと思います。

大人になった今でも、体操座りを強《し》いる人も組織も嫌いです。一方で、黙ってそれに従う人や組織も好きにはなれません。こちらを椅子からひっぺがそうとする人がいるなら、逆にその人を椅子からひっぺがそうと作戦を立てるか、何もせずさっさと逃げる準備をしたほうがいい。

もし、あなたが胸を圧迫されて息苦しくなっていたら、従順な大人に改造されつつあります。そのままにしておくか、反抗するか、逃げるか、トラウマにならないうちに選んでください。私のように、椅子からのひっぺがしがトラウマになったら、大人になっても「ほんま、変な子やな」と言われますから。

4 イーブンの法則

私は、インカーブのアーティストたちと二〇年近く暮らしてきて、ある法則を発見しました。それは、「弱さ」と同じ分だけ「強さ」があるという「イーブンの法則」です。

アーティストは、知的に障がいがあります。文字が読めない人もいれば、記憶容量の少ない人もいます。気分にムラがあったり、大きな声を出しながら踊っているように見える人もいます。これは現代社会で「弱さ」とみなされる部分でもあります。このような人柄や行為をイーブンの法則に照らしてみれば、「弱さ」の分だけ、彼らは同じだけの「強さ」をもっていることになります。

その強さは、作品のクリエイティビティの高さが証明しています。人の模倣ではなく、教育に毒されていない唯一無二《ゆいいつむに》の作品。それが強さの証明です。ただ、日本では残念なことに、その強さがねじ曲げられてしまいました。なぜ、誰が、ねじ曲げたのでしょうか？　詳しくは第二章の「大きな壁を作ってみる」で書いてみます。

私は子どものころから、おばあちゃんに「ええことも、悪いこともあるやろうけど、人生はトントンや」と教わりました。トントンとはイーブンの関西弁。トントンもイーブンも障がいのある私への励《はげ》ましの言葉だったのかもしれません。テストの点数が悪くても「赤点を取るということは次のテストでええ点が取れるわ」とか。父の事業が頓挫《とんざ》して一家が散り散りになっても「何をしてもうまいこといかへんということは、次はうまいことといくで」とか。その楽観的な信仰は、インカーブのアーティストと暮らして一層強くなりました。

だから、自分の「弱さ」に目を伏せないで欲しいのです。それはもったいない。弱さの分だけ「強さ」がちゃんとあるのですから。壁のない社会では、一層、生活に困りごとをもっている人であふれかえっているでしょう。障がいのある人、生活が困窮《こんきゅう》している人、DV被害にあった人、貧困が我がことになり将来の夢を語れない子ども、私たちが見て見ぬふりしてきた隣人がたくさんいます。

私たちは、なにかしら生活に困りごとをもっています。完璧に健康な人間などいません。永遠に続く富者《ふしゃ》がいないのと同じです。つまり、弱さのない人間などいません。逆に、私たちには、強さが必ずあるということです。ただ、強さが弱さを消すわけではありません。弱さを抱えて生きるから強さが発見できるのです。

弱い自分なんて嫌だと言わないでください。弱さがなくなれば、あなたの強さもなくなります。それが、イーブンの法則というものです。二〇年近く検証しましたが、この法則、案外当たります。

5　平均人のやるべきこと

壁がゼロになれば人間の群れは一つになります。スペインを代表する哲学者であり思想家のオルテガなら、「個性を失って群衆化した人間」と呼ぶかもしれません。失意をこめて「平均人」と名付けるかも。

戦後、日本は経済大国に成り上がるために平均的な商品を大量に生産し、大量にばらまきました。商品作りの原動力は、平均人の平均的な労働力でした。時代を経て、平均人を親にもつ現代の若者は、さらに平均人になっていきました。

二〇五〇年には、〇～一四歳の人口が今より三割減って、約一〇七七万人になるそうです。「日本の若者は諸外国の若者と比べて、自分自身に満足していたり自分には長所があると思ったりするなど、自身を肯定的に捉えている若者の割合が低い傾向」にあり「自己肯定感の低さには自分が役に立たないと感じる自己有用感の低さが関わっている」と二〇一九年の「子供・若者白書」は指摘します。世界の平均人以下の若者が、日本が向かう超高齢化・人口減少社会の舵《かじ》取り役です。

一方で、平均的ではない能力をもった人間もいます。ただ、彼らを見つけるにはコツがいる。一〇年ほど前、私がはじめて書いた単著（『観点変更――なぜ、アトリエインカーブは生まれたか』→河出文庫『アトリエ インカーブ物語』）で「アトリエインカーブのアーティストに出会うまでは、私の見る角度は既成概念という鎖《くさり》で固定されていた」と書きました。「鎖がからだから溶け出して」、私は「ヒトもモノもコトも、見る角度や高さを少しずつコントロールすること」ができるようになり、それを「観点変更」と名付けました。「小さな点は、ヒトに省《かえり》みられることはない。視点や角度、理論、立場など自らの立ち位置を変えることでしか見えてこない」のである。平均的ではない能力をもった人間を見つけるには、観点を変更するというコツがいるんです。

一五年目にしてはじめて個展を開き、アートパトロン（後援者・支援者）がついたインカーブのアーティストがいます。彼は、ゆっくり自分の時間を使い、鉛筆の使い方を確かめます。画用紙の半分ぐらい描き込んだところで制作はストップし、未完成作品が次々に生まれます。納得がいかないのです。私は、彼が納得できる作品ができるまでじっと待ちました。

人間の行為はみな「幸せ」を目指している点については、誰にも異論はないでしょう。でも、「幸せとは何か？」ということになると、答えはバラバラに分かれるはずです。そのバラバラした幸せを大人の平均的な型にはめず、それぞれの幸せが自己実現できるようにお手伝いする。教え育てることよりも、ここにいれば勝手に育っていくような環境を用意しておく。それが教育です。

教育を意味するeducationの語源は、ラテン語の“educatus”で「引き出す」「導き出す」ことだといいます。最大の問題は、平均人の大人が平均的ではない能力を引き出し、導き出せる環境を作れるのか、ということです。

6　ややこしいこともやってくる

頭では、私的な憤《いきどお》りはダメだとわかっていても、目の前に「ややこしい」ことが現れると心がザワつきます。重度の知的障がい者を車ではね、逃げ去るタクシー運転手。軽度の知的障がい者を「美味《おい》しいもんあげるから、ちょっと、おいで」と誘う欲に狂った男や、「必ず儲かるから大丈夫や」と食いものにするネズミ講。すべて、私の身近で起こった事件です。

壁をゼロにすれば「ややこしい」人も入ってきます。嘘をつく人、そそのかす人、暴力をふるう人。そんな人は、みんな、ズルい。このややこしさの正体は「煩悩《ぼんのう》」です。そもそも煩悩は、拭《ぬぐ》っても拭っても消えることがない苦の根源、貪《とん》・瞋《しん》・痴《ち》の「三毒《さんどく》」だと言われています。ややこしい人は人並み以上に毒が強いのです。

貪とは、むやみに欲しがる「欲の深さ」です。お金が欲しい、褒《ほ》められたい、あなたが欲しい、という心です。それを得るためには、弱者も食いものにしかねません。その欲の本性は自己中心的な我欲。人を押しのけたり、だましたりする人は、ややこしい人の中でも「汚い人」と言われています。

瞋とは、自分の心にかなわないことに対し憎しみ憤る心の動きです。平たく言うと「怒り」です。腹が立つと、見境がなくなる人がいます。頭に血が上ってしまい、自制心を失って言葉にしてはいけないことを言葉にしがち。その結果、人生を台無しにしてしまうのです。一瞬の怒りで、人間関係は修復不可能な状態になってしまいます。ただ、「私」の怒りと「公」の怒りは決定的に違う。そのあたりは、第四章の「つまずく壁を作ってみる」で詳しく書きたいと思います。

痴とは愚痴とも言います。つまり「醜い心」です。幸せそうな人を見ると、妬《ねた》ましい。会社の同期が昇進すると素直に喜べない。妬みの醜さがわかるから、人には知られないよう隠し通そうとします。私たちは、怒りを爆発させることはあっても「裕福で、恵まれている人が妬ましい」「彼女と仲良くしている男に嫉妬《しっと》する」とは口にしません。心の醜さを自覚しているからでしょう。

私たちは、大なり小なり三毒をもっています。ただ、人並み以上に毒が強い人間に出会った時が問題です。私たちは、彼らを退《しりぞ》けたり、スルリとかわすことができるかもしれません。もし噛まれても、症状にあわせて調薬することも可能でしょう。ただ、知的に障がいがあれば防御が甘くなる。彼らをどう守るのかを考えなくてはいけません。

壁をゼロにすれば風通しは良くなりますが、差別することが三度の飯よりも好きなややこしい人も入ってきます。子どもや高齢者、私を含む障がい者は、たいがい逃げ足が遅いので、その毒牙に犯《おか》される可能性は高いはず。彼らを守り切れないなら壁をゼロにしたいなんて考えないほうがいいのです。

7 「私」を誰かに依存していく

ナポレオン・ヒルの『成功哲学』をはじめて読んだのは、私が中学二年生のころでした。当時、家族は多額の借金を抱え、父と母は喧嘩《けんか》が絶えません。「家族が壊れる……なんとかせな」と思った私が手にしたのは自己啓発本です。とても、ませた子どもでした。

ヒルは、成功するには、まず燃え上がる「願望」をもち、揺るぎない「信念」で思考を力に変えることが大切だと書きます。中学生の私は、願望や信念の本意などはそっちのけで「〝私〟の意思で〝私〟の能力を高める」ことに熱くなりました。現在も自己啓発本は盛《さか》んに出版されています。自己実現は時代を超えて人を惹きつけるようです。

でも、自己実現とは、「自分が」元気になることや幸せになることを言うのでしょうか？　それはきっと違うと思うのです。そもそも自己とは、私一人で成立しているわけではありません。他の人とつながった関係を自己と呼ぶのです。「私」というものは自分だけの力では存在していません。自己実現とは「私」を誰かに依存していく過程で実現するのでしょう。

私は、ひとり娘のさくらが生まれて小さな家を建てました。家族が毎日集《つど》う居間は、日当たりのいい二階です。一階は駐車場と寝室、それにあまり使わない書斎もどきのスペース。二階に上がるためには階段とエレベーターの手段がありますが、私は、一度も階段を使ったことがありません。上がることを可能にする「依存先」が、私には少ないのです。地震でエレベーターが止まれば、二階に上がることができません。家族は階段やエレベーターで上がれますが、私はエレベーターしかない。これが、「障がいの正体」です。障がい者は、依存先が限られてしまっている人たちで、健常者はさまざまなものに依存できる人たちのことを言うのです。

私たちは、遠い昔から群れを作って生き延びてきました。人間は個人として存在していても、他者と関係をもち社会の中で生きる（というか、それ以外のやり方では生きていくことができない）社会的動物だといえます。ユングや河合隼雄《かわいはやお》さんは、人間は普遍的無意識でつながっていると解釈しました。自然の摂理として、人間は社会の中で群れを作りお互いの凸凹を補い合うようにプログラムされているのです。

社会的動物である私たちがすべきことは、依存先の少ない人に依存先を増やし、依存先の多い人と同じ量と質を確保することです（このような心配りを合理的配慮と言います）。自然の摂理《せつり》に従えばできない相談ではないはず。

また、こうも言えます。自己を啓発したければ、他者への想像力を働かせることです。自分をここからではなく、違った場所から見る力を養ってあげることが、自己を知る最大の手立てだと思います。

8 「きちんとする／させる」は誰のため

「さぁ、大きなお声で、歌いましょう。隣のお友だちとリズムを合わせてね」。娘の合唱コンクールのひとコマです。お友だちと同じ声の大きさとリズム、隊列を崩さない「きちんとした子ども」の評価は高いですが、「きちんとできない子ども」の評価は低い。クラス全員が「きちんとした子ども」なら指導力のある先生として学校からの評価も高い。今も昔も「きちんとする／させる」ことは「能力がある」証とされます。

しかし、「私たちが音楽的だと考えていることが、ほんとうは人間の不幸の始まりかもしれない」（『音楽の根源にあるもの』）と、民族音楽学者の小泉文夫《こいずみふみお》さんは言います。「幼稚園のとき、保育園のとき、小学校、大学なんてところで習ったり、楽譜を読んだりして、そうやって一生懸命身につけていく」。それは「私たちが人間だからではない。私たちはいっしょに暮らさなければ、そのルールを守らなければ、規則どおりに学校に行かなければ暮らせないという、がんじがらめの社会の中に生きているから、ふだん歌がうたえる」と。

また、「がんじがらめの社会」を作るために考案されたのが「楽譜」だと言います。それは、どのくらいの強弱で演奏するのか、どれくらいの表情を客席に向けるのか。楽譜は、喜怒哀楽までコントロールする厳粛《げんしゅく》なルールです。

そのルールは、「絵を描く」アートの授業でも強制されます。そもそもアートは、日常の観点を変えることです。同じものを見ても、見る角度を変えると、今まで気づかなかったことに気づいたりする。観点を変えれば生き方に幅と奥行きがでるものなのです。

インカーブのアーティストの新木《しんき》友行《ともゆき》さんは、小学校で行ったライブアートで「きちんとした子ども」と「きちんとさせる先生」に向け、「りんごは丸くて、赤くなければ、あかんのかな?」と問います。先生は、クラスの平静を保ちたいから、「きちんとできない子ども」をどんどん排除する。でも、アートは「普通」でなくてもいい。驚きのない作品をアートと呼んではいけません。

新木さんは「忠実に描くだけがアートとちがう。思いのまま描けばええよ」と、表現活動の幅と奥行きを子どもたちに伝えます。子どもたちは、「あ、それでええんや、描くのん面白いやん」と興味をもってくれる。新木さんのようなアーティストが第三者の立場で学校の中をかき回せば、「きちんとした子ども」と「きちんとできない子ども」の壁はしだいに崩れ、ゼロに近づいていくでしょう。立ちはだかる壁は、かき回す人間を良しとしない先生（そもそもアートが何たるかを知らない先生が多いのですが）や彼らを指導する管理側（国や自治体、学校長）かもしれません。

9　バラバラでも同じ人間です

住まいの並べ方を変えると改宗できる。そんな横暴《おうぼう》で不思議なことが起こりました。

レヴィ＝ストロースによると、サレジオ会の宣教師たちは、ボロロ族（南米のボロロ・インディアン）の「荷車の車輪」のように円形に配置されていた住まいを、グリッド状に構成し直しキリスト教に改宗させたというのです（『悲しき熱帯II』）。住まいの並べ方で思想や信条をコントロールする恐ろしいデザインです。

江戸時代の寺子屋はまったく違います。渡辺崋山《わたなべかざん》の『一掃百態《いっそうひゃくたい》』に描かれる子どもたちの机は円形に並べるどころか、てんでんバラバラ。誰一人としてお師匠《ししょう》さん（先生）を見ている子どもはいません。お行儀が悪い子どもだらけです。そもそも寺子屋は、江戸時代初期に寺院などで農民に対して読み書きを教えたところです。今で言う学校のような施設でした。

授業を受ける年齢もバラバラ。文字の読み書きを学ぶために大人が入ることもありました。月謝の支払い方もバラバラ。家庭の事情に合わせて融通《ゆうずう》してくれたり、お金の代わりに菓子折りを持ってきても良かったとか。なんとものんびりした空気です。どんな年齢の人間でも、勉強がわからなくても大丈夫。一人ひとりそれぞれに合わせて教えていくのが寺子屋です。だから、同じ教科書を同じ速度で学ぶ必要はありません。お師匠さんは、一人ひとりにあった教科書をカスタマイズして添削《てんさく》してまわるスタイルでした。できる者とできない者を線引きせず、まぜこぜ状態で、子どもとお師匠さんが一対一で学ぶ理想的な教育環境が成立していました。現代に引き寄せれば、一人ひとりの子どもや障がい児に合わせたアダプティブラーニングのようです。

宣教師は、キリスト教を広める伝道者で、ボロロ族は伝道される民《たみ》。そこには、一神教らしい歴然とした上下と区別がありました。一方で、お師匠さんは、そもそも仏教の僧です。お師匠さんと子どもたちは膝をつき合わせて、同じ高さの目線で話しかける「御同朋《おんどうぼう》」。つまり仲間であり友人なのです。

『歎異抄《たんにしょう》』に、「親鸞《しんらん》は弟子《でし》一人《いちにん》ももたず候《そうろ》ふ」という有名な言葉があります。親鸞は、慕《した》って集まって来る人々を、御同朋と呼び、自分の弟子だと認めませんでした。私とあなたは、学習能力も経済状況もすべて違うと認めた上で、みんな阿弥陀《あみだ》様の弟子であり、同じ人間だと強く意識したのです。

まぜこぜになれば個性が薄まるわけではありません。逆に際立《きわだ》ち、主張が激しくなるはずです。だからこそ、同じ人間だという感覚をないがしろにして欲しくないのです。

10　その他大勢に紛れる幸せ

ヒトは類人猿に比べて何でも無意識に真似《まね》る傾向が強いとされています。不必要なことや、どうでもいいことでも真似ようとする。職人の仕事も真似から始まります。最初から我《が》を通す見習いなんていないはず。ところが、デザインの分野では、見習いの時から「オリジナリティをもて」「個性を発揮しろ」ということが平気で言われます。

私は、若いころ、このような先輩からの要求に悩みました。真面目に勉強すればするほどオリジナリティも個性も消えていくからです。私は、学生のころから、ル・コルビュジエという建築家が好きでした。彼の図面をトレースしたり、スケッチを見様見真似で描いたり。論文などで、彼の生い立ちをさぐり、誰に影響され、何を学び、どのようにして階段を駆けあがったかを調べました。アメリカの西海岸からフランス、スイスまで彼の建築の追いかけもしました。

オリジナリティをもちたいと願えば願うほど、出てくるアイデアはル・コルビュジ工風のものばかり。それは、オリジナリティでもないし、私の個性でもありません。学ぶことで「私」というものが消えていく、それを「教育の毒」と呼んでもいいでしょう。横並びの人間を作り出すのには好都合ですが、突飛《とっぴ》な人間は生まれません。

オリジナリティとは、私しか考えられないことで、私しか実現できないことです。他の人は誰も思いつかないことを言います。でも、「そんな無茶なこと、できるわけがないがな」というのが私の結論です。

そもそも、デザインは「企《くわだ》て」です。それは、大勢の人にとって（大半が）有益でなければならない。大勢の人が理解して活用できるから有益なのです。一方で、「誰も思いつかないこと」は、当然、誰も理解できないし有益でない場合も多い。つまり、オリジナリティは、大勢の人に理解できないものです。わかったような、わからないような理屈ですが、きっと正論です。

教育の毒に染まった人間同士が、オリジナリティをもちたい／もたせたいと考えないほうがいい。それより、世間というその他大勢に紛れ込む術《すべ》を身につけたほうがいいと思います。別に、消極的なことを言っているわけではありません。その他大勢に紛れるのは、エネルギーと知恵のいることです。

紛れるためにするべきことは二つ。まずは、他の人の文化を知ることです。文化は人の心や行動を操ることで、過去と現在と未来を作っています。二つ目は、最も大切なことです。それは、我をはり過ぎないこと。我は教育の毒以上に、猛毒です。

壁の高さは我欲の深さ。壁をゼロにしたければ、それを抑えないと始まりません。

第一章　大きな壁を作ってみる

私たちは、
他者から何かを伝えられ、
それに呼応する
言葉がなくてもいいし、
自分だけの言葉を
他者に語る必要もありません。
大きな壁の中では、私たちは、
秘密をたくさん持っていて
構わないのです。

1　ヒトカタマリの時間をもとう

私は、しょっちゅう、籠りたくなります。家に籠るというより、近所から出たくない。近所とは、電動車椅子で動ける範囲で、行って帰って半径一キロ程度。ごく限られた範囲です。如何《いかん》ともしがたい出張以外は大きな壁の中にいたい。高齢者は、保守的になるといいますが、まだ、私は高齢者のちょっと手前。ただいま、五七歳です。大きな壁の中にいると、見るもの聞くもの、すべて慣れたものです。新しい発見なんてほとんどありません。あえて刺激を求めようとも思わないし、積極的に友人を増やそうとも思わない。その傾向は子どものころから変わっていません。籠りたくなるのは根っからの性分のようです。

必ず籠るべきだと思いませんが、籠るべき時に、籠ることは必要だと思います。現実を超えた妄想《もうそう》にふけることもできるし、何よりも「ヒトカタマリの時間」をもつことができる。「自分は何者で、何をするために生まれてきたんやろう」なんてこともヒトカタマリの時間があれば考えられます。つまり、内省《ないせい》することができる。

内省とは、自己を省みることです。でも、そう簡単にことは進みません。本当の意味で自己を省みるということは、実は省みようとしている自己そのものを知ることです。でも、そう簡単に自己を知ることもできません。

では、どうしたらいいのでしょう？　私のすべてを映し出す鏡をもてばいいのです。鏡の一例を、「医療では救われない」と気づいたアメリカのAA（アルコホーリクス・アノニマス。アルコールの嗜好の偏《かたよ》り）の、「12ステップ」という回復のプログラムで見てみましょう。

まず、第1ステップで「自分はアルコールに対して無力である」と認め、第2ステップでは、「自分自身よりも偉大な力がわれわれを正気に戻してくれる」と信じ、第3ステップでは、「われわれの意志と生命をハイヤーパワー（自分自身を超えた、自分よりも偉大だと認められる〝力〟）にゆだねる」。このように決心していくために必要なのがヒトカタマリの時間です。

この「無力を認めて、偉大な力を信じ、身を任せる」という三つのステップが回復への入り口です。偉大な力は、神様と言ってもいいし、仏様と言ってもいい。家族、友人と言ってもいいのです。大いなるものからの呼びかけが鏡です。その存在に気づくには、まず自身の無力に直面しなければなりません。

でも、それを認めるには年季がいります。場数の多さも、とんでもない失敗の経験も。何よりも自分を省みるヒトカタマリの時間が必要なのです。

2 「恐慌ボタン」を押してください

炬燵《こたつ》の中のあったかい赤いひかりが好きでした。私が子どものころの暖房器具・炬燵は、今のような温風が出るヒーターではなく赤外線です。私は、足を温めるのをそこそこにして、頭を突っ込んで赤いひかりを見ながら妄想にふけっていました。タイガーマスクの人形を持ち込んで、戦ったり、助けあったり。私がヒーローの日もあればヒールになりきる日も。母に「目が悪くなるから、炬燵から出なあかんやん」と言われても「邪魔すんなや、炬燵は僕の陣地や！」なんて悪態をついて困らせもしました。

炬燵のスイッチはオフにされて、いつの間にか夢の中。目が覚めたら真っ暗です。音もひかりもない炬燵の中は、現実なのか夢なのかわかりません。寝室を真っ暗にすると感覚が遮断されて脳が過敏になり目が覚めやすくなるとも言われます。一方で、感覚が遮断され続けると幻覚を見ることもあるようです。真っ暗な炬燵の中では、実際にはない色や光、物体が見える感覚がありました。あれは幻覚だったのかもしれません。

一九六〇年前後にプリンストン大学は、暗室に被験者（大学院生の志願者）を二四時間から最長九六時間拘束し、感覚を遮断した環境に身を置くことで、精神的に正常な人の多くが幻覚を見る可能性があるという研究結果を報告しました（ジャック・ヴァーノン『暗室のなかの世界――感覚遮断の研究』）。

被験者には、運動も控えさせ、ベッドの上で横になるよう指示を出します。食事はサンドイッチなどの軽食をあたえ、用を足すのも部屋内の便器を使わせます。被験者たちは、新奇なものならなんでも積極的に探し求める行動をとったり、幽霊や妖魔《ようま》、透視術、霊媒《れいばい》を肯定するような暗示にかかりやすくなったりなど、一様に、知的な能力を減少させ、幻覚をひきおこしました。度を越えた幻覚が一度自らの中に生まれると、感覚が遮断された状態では、それを追い払うことが不可能になるのです。

暗室実験の続行を望まない被験者は、「恐慌ボタン」を押し実験を終了させることができます。暗室の隣の部屋にいた観察者がすぐに駆けつけてくれるのです。でももし、暗室に「恐慌ボタン」がなかったら……。考えるだけでゾッとしませんか？

一人で考えごとをしたい。誰にも邪魔されず眠りたい。ただ、度を越えて籠ると取り返しがつかなくなります。今から籠ろうとしている、あなた。小声でいいんです。「私、今から、籠るからな」と誰かに伝えてください。もし、小声でも伝える勇気がないなら、籠る素振りを近くの人に見せたらいい。小声で伝えることも素振りも、「恐慌ボタン」を押すのと同じです。きっと、誰かが駆けつけてくれます。

3　ゆっくり引っ張り出す

暗闇から明るい太陽の下に出ると眩しく感じるものです。眩しさは、眼の網膜が暗闇の微《かす》かな光に慣れたところで、急に光が眼に入り過ぎて起こります。

最近、暗闇を楽しんでいる人を引っ張り出すことを良しと考える人が増えました。それを人助けだと誤解している人も多い。パワーのある人たちは、無理やり彼らを引っ張り出した挙げ句にエンパワーメントするというのです。それも大急ぎで。

エンパワーメントの本質的な意味は「力をあたえる」ことです。その概念の起源は、二〇世紀にアメリカで起こった公民権運動にさかのぼります。一九七〇年代には、介護におけるエンパワーメントの重要性が主張され、八〇年代には女性の権利獲得運動の中で、社会的地位の向上という文脈で広く知られるようになりました。

私は、エンパワーメントという言葉に上意下達の傲慢さを感じています。富者から貧者へ、強者から弱者へ「力をあたえる」構図に見えてならないのです。そもそも、パワーを譲り渡して、パワーロスにならないのかと疑問に思います。

さらに、気になるのが「力をあたえる」スピードです。例えば、デキるヘルパーは、利用者の生活の困りごとを矢継ぎ早にピックアップし、躊躇《ちゅうちょ》なく潰していきます。早く生活を立て直すことが、デキるヘルパーの証だからです。でも、ヘルパーのパワーが増すにつれ、利用者の満足度が上がるとは限りません。気持ちのすれ違いは、やがて契約解消につながり赤の他人へ。良かれと思ったことがアダになるパターンです。

アダの原因は、ヘルパーと利用者のラポール（信頼関係）が築けていないことでしょう。名刺一枚で知り合いになり、まだ感情も通わない他人から「あれこれ」言われてうっとうしいったらありゃしない。良かれと思ったことを伝え、行動を起こさせるのは、とても時間のかかることなのです。

特に深い暗闇から抜け出し、明るい太陽の下でサバイブすることは容易ではありません。事件や虐待から、奇跡的に生き延びた人は、周りの人々が亡くなったのに自分が助かったことに対して、しばしば罪悪感を覚えます。心理学では、嫌な記憶を消すには、繰り返し反芻《はんすう》して新たな価値を見出していけば良いと教えます。でも、現実は反芻することで命を絶つ可能性もあるのです。

暗闇を楽しんでいる人を無理やり引っ張り出す必要はありません。引っ張り出すべきは、壁を壊したいと願い、越えようともがいている人です。明るさに慣れるようにゆっくり時間をかけて引っ張り出すことがサバイブを成功させる鍵です。

4　ノーガードの人を殴ってはいけない

あなたは、ガードを上げず、ファイティングポーズを取らない相手を殴りますか？
ボクシングなら殴ってもいい？　それは違う。無抵抗の人を殴ってはいけないのです。
それでも殴る人には、最大限の怒りをぶつけてもいいし、止めないレフェリーに罵声《ばせい》を浴びせてもいい。それを見て喜んでいる観客を軽蔑してもいい。私は、抵抗できない人やディベートできない人に殴りかかる人をたくさん見てきました。

「外人」は差別にあたると言われています。放送などでは「外国人」を使います。それはなぜでしょう？　「外人」には内と外を区別する無意識の心理が働いて、ダイバーシティやインクルージョンの世の中にはそぐわないと指摘されるからです。「女流作家」という言葉も「作家」になりました。作家は作家であって女や男の区別はナンセンス。でも、外国人じゃなくて外人のほうがいいという人もいます。私は女性だから女流作家のほうが正しいという人もいます。双方で議論することは、真っ当なことです。お互いがグローブをつけて、ガードを上げて殴り合う。それが議論のルールです。

厚生労働省や文部科学省の一部の人たち、文化庁、自治体の首長、社会福祉事業者やギャラリストの中には、抵抗できずディベートできない障がいのあるアーティストが制作するアートを（原義に反して）「アウトサイダー・アート」と名付けました。カテゴライズする人は「イン」、つまり中心です。カテゴライズされる人は「アウト」、つまり周辺に位置する人。アウトであり周辺にいる人は、ガードも上げず、ファイティングポーズもとっていません。なのに、「イン」の人たちは、障がいのあるアーティストを「アウト」の壁の中に閉じ込めて、カテゴライズする。私は、そのような「イン」の人たちに怒りを覚えます。

近年、アウトサイダー・アートでは排他的な印象が極めて強く、障がい者支援に用いることは難しいという理由で、アウトサイダー・アートをシャンパン色に染めた「アール・ブリュット」という呼び名に急転換させました。姑息《こそく》な思いつきです。ただ、アール・ブリュットも、本来の原義と論理矛盾（紙幅《しふく》に限りがあるので、矛盾した内容は、別の拙著をご覧ください）しています。また、障がい者に特化したこのような活動は、美術界から協力が得にくいというデメリットもあります。それ以上に最大のデメリットは、同意なく「障がい者の」という大きな壁に彼らを閉じ込めたことです。その行為は、ダイバーシティやインクルージョンの潮流と正反対です。

残念ですが、これが日本の進める「障がい者の芸術活動」です。厚生労働省や文化庁の委員会で私が吠えても暖簾《のれん》に腕押し。私の考え方は傍流《ぼうりゆう》に過ぎません。でも、外人の呼び名がおかしいなら、アウトサイダー・アートもアール・ブリュットもおかしい。このようなカテゴリーに根拠はありません。くわえて、そのカテゴライズに障がいのある当事者は、同意しているとは思えない。なぜ、彼らの作品を冠のない「アート」と呼ばないのか？　誰が呼ばせないのか？　大きな壁には疑問が山積みです。

5「仕方がない」は人生の前提です

人目を忍んで生きていくのか……と思ったのは、父が友人の連帯保証人になり、莫大な借金を抱えて、家族が夜逃げした時でした。二〇歳のころ、家族と連絡を断ち、友人から距離をとり、ひとりぼっちになったことがあります。借金取りが大学の寮に来るのではないか、友人に私の所在を問い合わせているのではないか……毎日が疑心暗鬼でした。

父をだました人は、父の親友で、家族ぐるみでお付き合いをしていました。その人が突然、ドロンと姿を消したのです。それでも父は、恨み言を一切言いませんでした。「しょうがないんや、人生って、こういうもんや」とつぶやいたのを覚えています。「しょうがない」とは「仕方がない」ということです。理不尽なことも受け入れて生きるしかしょうがない。人生は、何ひとつ思い通りに進まないと、父は感じていたのでしょう。

でも、「仕方がない」は、絶望感や虚無感をやわらげてくれます。日本人は、太平洋戦争の時、アメリカの強制収容所で「Sikata ga nai」とつぶやきながら虐待に耐えたと言われています。そこには、今は仕方がないが、未来はどうなるかわからないという希望があるように思うのです。投げやりな「仕方がない」ではなく、明日に希望を引き継いでいく「仕方がない」は粘り強い日本人の気質が現れています。

しかし、「しょうがないんや」と言った父は、苦しみの向こうに希望を見出せずにいました。子どもだった私は、娘を授かり、当時の父の年齢と同じになりました。今の私なら娘に何とつぶやくだろうかと想像します。

私たちは、ことあるごとに「思い通りにしたい」と欲をかきます。思い通りにならなければ腹を立てたり、無視したり。いつしか、怒りが苦しみに変わっていきます。その苦しみをやわらげる糸口は、「人生は思い通りにならない」という至極当然なことを理解することです。

そもそも、なぜ苦しみが生まれるのでしょうか？　それは、「希望と現実」に差があるからです。希望の会社に入社したかったけど無理だった。あの人と結婚したいけど、ふられた。些細なことから人生を左右することまで、希望と現実の差があればあるほど苦しみの量は増します。

私を育ててくれた家族は、兄を残し誰もいません。いつか、その兄とも、私の妻や娘、友人やスタッフとも別れる時がきます。願っても、悲しくても、すべての物事も自然も姿を変えて動き移っています。思い通りになるものは、何一つありません。

苦しくてしょうがなかったら「仕方がない」とつぶやいてみてはどうでしょう。苦しみの元の執着が消え、あるものは希望に姿を変えていくことがわかります。「仕方がない」は人生の前提です。

6　諦めてください

やれることが減ってきました。やる気がないわけでもないし、何もしていないわけでもありません。正確に言うと、やれることが限られてきたということです。あれこれしたいけど、あれこれする体力が落ちて、諦めることが得意になってきました。

私は三〇代の後半まで、乃村工藝社《のむらこうげいしゃ》のデザイン部で企業のショールームや博覧会などの空間デザインの仕事をしてきました。毎日、数種類の仕事を小刻みにこなす時期が長く続きました。例えば、午前中にショールームの改装デザインとサインデザインの打合せ。午後から社内のミーティング。マテリアルの選定。夕方からクライアント先でプレゼンテーション。夜からはコツコツと図面を描いて、パースに彩色。夜食をとって、終電前は営業と予算調整。仕事の種類ごとにやり取りする社内の人も外部スタッフも増え、コミュニティは増え続けました。そのうち気力がなくなり、仕事のクオリティもガタ落ちしました。

私たちは、個々に適正なキャパシティがあります。それを超えると精神的に大きなダメージを受けます。そんなことは言わずもがなの事実、とわかっていても無理をするのも事実なのです。

やれることが減るとコミュニティも小さくなります。それはマイナスではなく大きなプラスです。意地悪されることも少なくなるし、意地悪なことを考える回数も減るのですから。さらに、口数が少なくなると、言葉の精度も上がります。

苦しみをやわらげるには、「仕方がない」と考えることが有効だと書きましたが、もう一つのコツは「諦める」ことです。一般的には、自分の願いごとが叶わずそれへの思いを断ちきるという意味で使われますが、その諦めは二種類あるように思います。手に入れたい対象を視界から外し、匂いも感じないぐらい離れてしまう諦めと、手に入れたい対象を遠目で見てウジウジしながら、自分が傷つくのが嫌だから欲望を閉じ込める諦めです。一般的に諦めは、このように使われますが、本来は「つまびらかにする」「明らかに究める」という意味です。

ただの「諦める」であれば、単にやらなければならないことを手放すだけです。それでは、悔いや愚痴が残ります。一方で、物事の道理が明らかになった上でなら、納得して諦めることができるでしょう。この納得感を得るか得ないかは、大きな違いです。ともすると、私たちは、自分の苦しみを社会や友人、家族のせいにして、諦めることで水に流そうとします。他者のせいにしている限り、納得感は得られないし、欲望の火はくすぶったままです。

やれることを限ってみてください。あれもこれもはできないと諦めてください。そうすれば、あなたのお役目が見つかるはずです。それが〝今〟やるべきことです。

7　さみしさを選ぶ

嬉しいことも楽しいことも、和気あいあいの関係も、その裏にさみしさが同居しているように思うのです。私は、さみしさを突っぱねるのではなく、遠くで眺めるのでもなく、その中に潜り込みたくなります。

私たち人間が社会的動物である以上、一人では生きていけません。だから、家族を作り、他者と共に仕事をこなし、村や街や都市を作って、お互いを守り抜いてきました。人間は、自分の利害に関係なく、他者の境遇に関心をもち、観察することで自分も何かしらの感情をひきおこし、そして集うのです。

一方で、私たちは、このような動物だから、さみしくなるとも言えます。共に仕事をしていても夢が違《たが》えば別れる時がきます。いっそはじめから、共に生きていなければさみしさは生まれなかったのかもしれません。でもそれでは、人間は生き長らえることはなかったはずです。

私は、仕事をしていても、本を読んでいてもさみしさを探す癖《くせ》があります。その後

○6○

ろに喜びや希望らしきものを発見できるからです。さみしさをいっぱい欲しくて、真冬の釧路湿原に通っていた時期がありました。雪の大地と曇った空は、絵の描かれていない真っ白いキャンバスに囲まれているようで、湿原に人工音はなく、タンチョウ鶴の声だけが聞こえます。車を止めてじっとしていると不思議と心がポッと温かくなって、自分と湿原のさみしさが同位になった喜びを感じました。一人ではないことを追認してもらっているようでうれしかったのです。

さみしさを「あはれ」と言い換えてみましょう。「あはれ」は、嘆きの言葉です。平安時代から日本人と嘆きの親和性は高かったようです。そもそも「あはれ」は、さみしさ、かなしみに限りません。「をかし」「うれし」でも、心が揺れることなら、すべて「あはれ」と言いました。時を経て「あはれ」には「哀」の字が当てられ、特に悲哀の意味になりました。日本人の心は、かなしく、あわれな、さみしさに最も揺れるのです。

楽しいことは長続きがしないのは、みんなが知っています。それでも、騙し騙しやり過ごしているのです。それが大人の態度だと肯定しつつ、本当は、気が進まないことでも笑顔で対応し、泣きたい時に泣かないで、目一杯頑張るのが私たちです。

でも、さみしさを避けることはできません。人生に老病死という避けられない苦しみがあるためです。さらに人間は、見知らぬ他者と共同することでしか生きていけない社会的動物だからです。

大人の真似をして、希望が見つからないと子どもたちが嘆いています。もし本当にそう思うなら、さみしさを選んだほうがいい。なぜなら、その後ろに希望らしきものがあるからです。

8　語らなくてもいいんです

大切なことは語らなくてもいい。胸の奥底にしまっておけばいいのです。インカーブのアーティストの中には、かたくなに作品を（スタッフ以外の）他者に見せることや販売することを拒むアーティストがいます。作品の内容を知りたくて聞き取りをしても、いっこうに口を開いてくれません。作りたい時につくり、手を止めたい時は止める。一日に数枚の作品を描くアーティストもいれば、一〇年で一枚の作品を描くアーティストもいます。でも、なぜ描くのかは語りません。

ブッダは、人々を苦しみから解放するという本来の目的を見失わないために、超越的な神や霊魂などの問題について語りませんでした。無用な争いを避けるためです。これを「無記」と言います。

ある男がブッダに「この世界は、永遠だと思いますか？　生命と身体は同一のものなのでしょうか？　人は死後に存在しますか？」と質問します。ブッダは、何も語らず「毒矢のたとえ」で返します。「毒矢が刺さって苦しんでいる男がいる時に、医者が男の身分や階級、その弓や矢の種類、その矢は誰が放ったのかを知らなければ治療をしないとしたら、その男は死んでしまう。そんなことより男の苦しみを取ってあげることが大切なことです」。見えないもの、感じないものに惑わされている時間があるなら、目の前の苦しみに立ち向かいなさいと説いたのです。

私たちの語る言葉には、三つの種類があります。一つ目は、他者から何かを伝えられ、それに呼応し、自らも他者に伝えようとする言葉です。二つ目は、自分だけに通じればいい言葉。身体の中で反響するだけで誰にも知られることはありません。三つ目は、言葉にできないモヤモヤしたものです。「あぶない」という声の出る前の状態で、主観と客観が立ち上がる前のボワッとした言葉です。

無記の原理を私たちに落とし込めば、他者から何かを伝えられ、それに呼応する言葉がなくてもいいし、自分だけの言葉を他者に語る必要もありません。ボワッとした言葉なんて伝えようがない。私たちは、秘密をたくさんもっていて構わないのです。

私は、インカーブのアーティストと二〇年近く生活を共にしてきました。アーティストの顔ぶれは、ほとんど変わりません。お喋《しゃべ》りな方もいれば、無口な方も。ノンバーバルで身体の動きが激しい方もいます。みんな、それぞれの生活リズムを崩すことなく過ごしています。なぜ、このような多様でユニークなコミュニティが永く維持できたのでしょう？　それは、大切なことは語らずに、胸の奥底にしまっておけばいいと許し合える仲間だったからだと思います。

9　悲しみを悲しみのままで終わらせない

「わたしは　いままで　うっかりして　いたけれど、わたしの　せなかの　からのなかには　かなしみが　いっぱい　つまって　いるでは　ないか」。新美《にいみ》南吉《なんきち》さんの『でんでんむしのかなしみ』は、ここから始まります。

きっと、でんでんむしは、愛情をいっぱい受けて育ったのでしょう。喜びいっぱいの中で生きてきたはずです。だから、「かなしみがいっぱいつまってい」くのに気がつかなかったのです。喜びの時期が過ぎれば、悲しみの時期がやってきます。二つは、殻一枚で背中合わせなのです。

古い仏典に、幼い息子を亡くした母親の説話があります。母親は、悲しみに打ちひしがれ、息子の亡骸《なきがら》を抱きながら、生き返らせる薬を求めて町中を歩き回ります。でも、誰も話さえ聞いてくれません。そこで、母親はブッダのもとにやってきました。ブッダは、「その薬を作るには芥子《けし》の実が必要です」と告げます。さらに「ただし、その芥子の実は今まで死者が出たことのない家からもらってくる必要があります」と注文をつけました。早速、母親は村人の家を訪ねます。「お宅に芥子の実はありますか?」「ええ、ありますよ」。すると母親は村人に詰め寄って聞きました。「お宅ではどなたも亡くなった方はおられませんか?」「何をおっしゃいます。うちでは今生きている人よりも、死んだ人間のほうがずっと多いですよ」。その後も、母親は、家から家へと訪ね歩きました。しかし、死者の出ていない家なんてあるはずがありません。母親は、各家を訪ね歩くうちに「死は誰にでもやってくる。自分だけが不幸なわけじゃない。誰もが悲しみを背負っているんだ」と気がつきます。そして、抱いていた息子を弔い、自分自身の人生を歩み始めました。

私は、この説話に「悲しみを悲しみのままで終わらせない」というメッセージを感じます。大切な人と別れたり、亡くした時は、胸に大きな穴が空きます。その穴は、別れた人、亡くなった人が支えていてくれた部分です。その悲しみは、感謝に変えていくことができる悲しみです。また、その悲しみこそが別れた人、亡くなった人が存在していた証です。大切な人への思いは、悲しみを悲しみのままで終わらせてはいけないのです。

苦しみを解放するとは、すべてが思い通りになるということではありません。苦しまないのではなく「苦しみながら」、悲しまないのではなく「悲しみながら」、その苦しみ、悲しみから目をそむけないことで、苦しみが解放されるのです。

「かなしみは　だれでも　もって　いるのだ。　わたしばかりでは　ないのだ。　わたしは　わたしの　かなしみを　こらえて　いかなきゃ　ならない」「そして、このでんでんむしは　もう、なげくのを　やめたので　あります」。でんでんむしのかなしみは、ここで終わります。

10 ひとりぼっちなんてない

「ひとりぼっち」だと思っている人は、孤独に苦しんでいるかもしれません。家族や友人、職場の仲間がいる人よりさみしく見えるかもしれません。そう見られていると一層みじめに感じてしまうかもしれません。

でも、私たちは、ひとりぼっちでいられるのでしょうか？　部屋に引き籠っていることがひとりぼっちでしょうか？　なんだか違うように思うのです。目の前に家族がいなくても、今すぐ友人に連絡できなくても、ひとりぼっちとは言えません。

なぜかと言うと、私たちはいつも、過去の記憶を引っ張り出して誰かと話をしているからです。お空に還った家族や友人や好きな映画や小説で出会った主人公、夢の中でよからぬ妄想を働かせてあの人と。

私たちは、過去を見据え、未来に背を向けて生きています。フランスの詩人ポール・ヴァレリーに倣《なら》えば、「湖に浮かべたボートをこぐように、人は後ろ向きに未来へ入っていく」のです。『精神の政治学』では「我々は未来に後退りして進んでいく」

とも書いています。過去の記憶が存在する限り、私たちはひとりぼっちではないと言うことです。

もし、あなたのボートに「善知識《ぜんちしき》さん」が乗船してきたら怖いものなしです。他人からどう見られようと、批判されようと、何があっても大丈夫。善知識さんは、仏教の正しい道理を教えてくれる人という意味ですが、私は「逃げても逃げても後ろから追いかけて抱きしめてくれる人」と解釈しています。あなたの「最強の味方」です。その味方は、あなたを絶対肯定して、ギュッと抱きしめてくれます。

大きな壁に囲まれて、孤独を手に入れたつもりでも、実はあなたの隣に善知識さんが座っています。もし、あなたが壁を壊して外に出たいなら相談してみてください。壁を壊すためのハンマーの使い方を教えてくれるはずです。逆に、当分、壁の中にいたいなら、ずっとあなたの隣にいてくれます。

しがらみのないたくさんの友人も必要ですが、最強の味方をひとり見つけることは生ききる力をあたえてくれます。三木清《みききよし》は、愛娘《まなむすめ》を亡くした時に「私に真に愛するものがあるなら、そのことが私の永生を約束する」と書き残しました。愛する娘がいれば、私（三木）がお空に還っても、娘の心の中で私は生き続けるということです。

たったひとりを愛し、たったひとりに愛されれば、永生が約束される。愛され、愛した時間の長さは関係がない。大きな壁の中で生きていても、現世どころか来世まで、ひとりぼっちではいられないということです。

第三章　顔だけ見えている壁を作ってみる

私は、
つながりたいけど、
切れてもいたい、
存在を知って欲しいけど、
注目されたくないと思って
生きてきました。
だから、身体の一部、
心の一部だけを
世間に開放しています。
決して、全部をさらけ出している
わけではありません。

1　つながりたいけど、切れてもいたい

「不安な夢からふと覚めてみると、ベッドのなかで自分の姿が一匹の、とてつもなく大きな毒虫に変わってしまっているのに気がついた」。カフカの『変身』を読んでいたら、プールの中で顔だけ出している子どものころの私を思い出しました。

私の障がい名は「偽性《ぎせい》アコンドロプラージア」です。アコンドロプラージアは、軟骨無形成症とも言われ、染色体の突然変異によるものが多いようです。先天性の全身の骨の病気で、四肢《しし》が胴体に比べて短く、低身長が特徴です。ただ、私はアコンドロプラージアの偽物。偽物は、本物より少なく一〇〇万人に一人です。人数が少ないために難病指定もされていません。偽物だから私の「顔」は、「普通」の形をしています。首から下を隠せば障がい者だとわかりません。

ところで、毒虫となった主人公のグレゴールは、しがらみの多いサラリーマンでした。営業成績がふるわず、上司からはパワハラが続き、ストレスから解放されたいと願っていたら、毒虫になっていました。彼の部屋は小さく、外界とつながるのは「窓」

だけです。毒虫は、道を歩いている人を見て妄想にふけります。でも、歩いている人からは窓の奥にいる毒虫の姿がはっきり見えません。見る／見られる主導権は毒虫が握ります。つながりたいけど、切れてもいたい。存在を知って欲しいけど、注目されたくない。アンビバレントな感情が毒虫を支配していきます。

子どもだった私は、プールの中で同じような感情になったことがあります。プールサイドを歩いていると子どもたちから「お母さん、あの子、ロボットみたいな歩き方してる。ほんまへんやで」「そんなことゆうたらあかん、可哀そうやがな」。ひそひそ話の声も拡声器を介したように大きく聞こえました。恥ずかしさと怒りがこみ上げて、その場から早く逃げ出したい気持ち半分、殴り倒してやりたい気持ち半分。結果、私はプールの中に逃げました。

プールにいる私は、「つながりたいけど、切れてもいたい。存在を知って欲しいけど、注目されたくない」どっちつかずの感情に支配されていました。人間が社会的動物である以上、群れて生きるのは宿命。しがらみから解放されていくということは、社会の中で居場所を失うということです。

一方で、永遠に差別やしがらみが消えないなら、一時避難できる逃げ場所が必要です。毒虫になろうが、プールの中だろうが、いい。でも、いつも逃げ回っていたら居場所がなくなる。だから、身体の一部、心の一部だけを世間に開放できる窓がいるのです。決して、全部をさらけ出す必要なんてありません。私は、どっちつかずの態度で生きてきました。

2　規格外のグローバル人材

すこぶる優秀な大学は、タフで高い志を持つグローバル人材の育成を目指しています。グローバル人材は、「知識・技能」に加えて、「思考力・判断力・表現力」「主体性を持って多様な人々と協働して学ぶ態度」があり、英語が堪能で世界をマタにかけるエネルギーのある人間だと考えられているようです。

ところが、私の身近には、大学が求めるグローバル人材像から大きく逸脱し、一度も渡航経験のないグローバルな人間がいます。その一人がインカーブのアーティスト、寺尾《てらお》勝広《かつひろ》さんです。彼は、一九六〇年生まれ。知的に障がいがあります。父が経営する鉄工所で溶接工として二〇年間働いた後、鉄をモチーフに制作を開始しました。本人が「図面」と呼ぶ緻密《ちみつ》なドローイングには、鉄骨の柱をあらわす直線と溶接の目印をあらわす記号がひしめいています。国内最大のアート市場であるアートフェア東京では、彼の作品を目当てにアートパトロンが集い、海外では、二メートル四方のキャンバス作品が四〇〇万円で売れる人気のアーティストです。

ただ彼は、大学が評価するグローバル人材ではありません。主体性をもって多様な人々と協働して学ぶ態度はないし、流暢な英語でディベートすることもありません。しかし、彼の作品を購入したいと海外から人がやってきます。彼は、「この作品は僕が描いてん。これがボルトで、これが梁、これが柱や。これもみて、いま描いてる建物や」と大阪弁でまくし立ててプレゼンテーション。お客さまは、満足して作品を購入し、笑顔で帰国していきます。

松井《まつい》彰彦《あきひこ》さん（東京大学大学院経済学研究科教授）は「寺尾氏は計画教育の中では規格外とされた『知的障害者』である。（中略）真のグローバル人材の元には海外から人がやって来る」（朝日新聞）と書きます。

グローバル人材は、「我が国の経済社会の発展の資することを目的」とした人間で、会社の辞令一つで世界のどこへでも飛んで行って仕事をします。逆に考えれば、絶対的に必要な人材ではない。彼が抜けて事業が頓挫するとしたなら、短期間といえども手放すはずがないのですから。

一方で、寺尾さんは、そんな大それた考えなどありません。彼の口癖は「好きやから、飽きへん」です。誰かに定められたフォーマットに従うこともなく、自分勝手で、横並び、仲間意識は大の苦手。くわえて、地元の大阪を一度も離れたことがない。必要とされているから離れないし、手放さない。

すこぶる優秀な大学や政府は、寺尾さんを発見し、グローバル人材に仕立てることができたでしょうか？　答えは（きっと）NOです。「教育は人の持つ能力を引き出す」という思い上がりに、寺尾さんは迎合しません。引かれたレールもなく、教育からズレたことで寺尾さんは世界をマタにかけることができたのです。

3「そやな」で共存する

「夫婦円満、それを発展、拡張させて世の中を融和させる究極の言葉はただ一つ、〈そやな〉（または〝そやね〟）である。夫からでも妻からでもよい。これで世の中は按配よく回る」（『人生は、だましだまし』）。田辺聖子さんによると、お互いに言いたいことはあってもあえて腹に収めれば、すべてうまくいくという。「そやな」は、好き嫌いをハッキリ言わず場の空気を読む世渡り術です。夫婦関係だけではなく、他人とのお付き合いでも同じような術は使えます。決定的な戦いを避けることができるモデルなのでしょう。

アメリカにどっぷりの教育関係者や研究者は、子どもたちに「アイデンティティを持て！」「自分の言葉でディベートしろ！」と声高に叫びます。でも、そもそも、日本人の素性が個性の主張を得意としているのかと言えば、私は大いに疑問です。

海外でデザイナーの採用担当をしていた友人の話では、面談に集まった多くの外国人は、一のことを十どころか百に盛ってプレゼンテーションする人がほとんどだとか。その場しのぎの雄弁さが勝敗を分けるようです。

一方で、日本人は、言いたいことはあってもあえて腹に収めます。インカーブに来られたお客さまで、こちらがお出しした緑茶に対して「コーヒーに交換してください。砂糖はいりません。でも、ミルクは入れてくださいね」なんて個性を主張する人はいません。彼らは、主張することを良いことだと思っていないし、こちらも選択を迫ることは無作法だと考えている。そもそも、「個性や主張」の文化は、日本人にはあまり馴染《なじ》まないのです。私たちに「あうんの呼吸」のような素性があることを認めるのは案外、重要なことだと思っています。

歳を重ねるほど、縁《えん》は「あうんの呼吸」みたいに切れたり、もつれたり、つながったりしていることに気づきます。やってくる縁は、良縁と悪縁の二種類あって、いつも良縁につながるとは限りません。時には、悪縁がズケズケやってくることも。でも、意見の合わないものや矛盾するものをあえて捨てないで、共存し得る可能性を探ることも大切です。そんな悪縁に出会ったら、言いたいことはあってもあえて腹に収めて「そやな」でやり過ごせばいいのです。白黒ハッキリつけるのではなく、捉えどころのない態度でかわすことができたら、あなたも縁の達人。それも立派な共存の形でしょう。

私は、ほんの数回会ったぐらいで、馴れ馴れしくズケズケものを言う人は苦手です。ゆっくり時間をかけて、のらりくらりしながらお付き合いが始まるのが好みです。いつの間にか、インカーブのスタッフもそんな人たちでいっぱいになりました。

ところで、「あうんの呼吸」がズレすぎれば「そやな」とはなりません。心の健康のためにも、ズレすぎる人とは、共存し得る可能性は探らないほうがいい。それも縁の達人のお作法です。

4「お野菜さんが喜ぶね」

身もふたもない話ですが、壊さなければならない壁をハンマーで叩き続けても完全なフラットにはなりません。目の前の壁が壊れても、また違った壁がどこかで成長しています。人生とはすさまじく理不尽なものなのです。

壁を壊すことが不可能なら打つ手はないのでしょうか？　いえいえ、まだ手はあります。自分を守ってくれる壁をもてばいいのです。その壁は、人を拒絶する大きさではなく、首から下が隠れるぐらいの高さがいい。立ち上がれば向こうが見えて、屈《かが》めば身体がスッポリ隠れる壁で、亀が甲羅《こうら》の中に顔を隠すイメージです。

私の周りには、壁を自ら築いて暮らしている方がたくさんいます。それはインカーブのアーティストたちです。雨の日に「うっとうしい天気やね」としゃべっていたら、アーティストが「カエルさんが喜ぶね」と言ったのです。別の雨の日には、「お野菜さんが喜ぶね」と言ったこともあります。もう一人のアーティストは、「雨は植物が喜んでいるからいいんです。だってぼくたちもお茶をのむでしょ」と。

私は彼らの「反転する力」に降参しました。彼らはスタッフに迎合することも、おべんちゃらを言って機嫌をとることもありません。朝になったらインカーブに来て、淡々と作品を描き、昼ごはんを食べ、夕方に「また、あした」と言って帰っていきます。自ら積み上げた壁の中で、分断されない時間を持ち、反転する力を育んできたのかもしれません。

でも、彼らは、全身をこちらに任せているわけではありません。壁の上から顔だけ出して、用心深く外の動きを見ています。そして、時間をかけて手の内を明かしてくれます。これまで、私は、彼らの生活に困りごとをあたえる壁を探し出して、壊すことばかりを考えてきました。でも、そばにいるアーティストは、ブロックを積み上げ、自分を守る壁を築いていたのです。

夏の暑い日、「お野菜さんが喜ぶね」と言ったアーティストが突然、お空に還っていきました。彼は、可能な限り、自由に生きました。真夜中に散歩をしたくなるようで「あんまり遅いと、誰かに襲われるかもしれへん、危ないで」と言っても、彼は散歩にいきました。「油ものや甘いものばかりとっていると、身体に悪いで」と言っても、彼は、「うん、わかってる」と言いながら、こっそり食べました。身体のことを考えたら、無理やりでも管理すべきというご意見はごもっともです。好きなことを封じてでも、長生きしたほうがいいと考える人も多いでしょう。でも、正論は人によって違うものです。壁の上から顔だけ出して「お野菜さんが喜ぶね」と言った彼の正論は、もっと違った場所にあったように思うのです。

5 塩梅のいい配分

調子の良い日は、壁をよじ登って向こう側を見たくなります。反対に調子の悪い日は、壁の中でうつむいていたい。誰にも会いたくないし、声もかけて欲しくない。でも、不思議と、調子の良い日も、調子の悪い日も長く続きません。

毎日とは言わず、二日に一日でいいから身体の痛みがなく調子良く暮らしたい。私がそう願っても叶いません。だから、調子が良いとも悪いとも言えないのが一番良いと思うようになりました。それを「塩梅《あんばい》のいい配分」と名付けました。塩梅は、塩と梅酢の意味です。料理の味を塩と梅酢で調《ととの》えることを言いますが、広い意味では、加えたり減らしたりして、良いと思えるところに帳尻《ちょうじり》を合わせることを言います。

私の好きな勝負事（と、いっても賭博《とばく》ではありません）で「塩梅のいい配分」を考えてみましょう。人生の駆け引きは、学校ではなく勝負事から多くを学べます。こういうものは、親も先生も教えてくれませんし、当然、試験にも出題されませんが妙に役立ちます。

表街道と裏街道を歩いてきた雀士《ジャンシ》で直木賞作家の色川武大《いろかわたけひろ》さんは、「塩梅のいい配分」を「自分の人生すべてを、なにもかも含めて、六分四分《ろくぶしぶ》」（『うらおもて人生録』）だと言います。勝負事に連戦連勝なんてありません。間違って連勝したら運を使い果たすとも。運とは「人間の知恵でははかりがたいし、人為的な努力ではどうにも手が届かないものの総称」で「技術や気力体力以外のもの」。無駄使いしたらダメだと諭《さと》してくれます。

努力では如何ともしがたい運を味方につけて六分の勝ちを狙っていくのが塩梅いい勝ち方です。調子の良いことは六分で十分、調子が悪いことも四分までならへっちゃら。六分四分のたしなみは、勝負の世界だけではなく、実社会でも通じます。

六分の調子で、六分の笑顔があって、六分のエネルギーがあれば壁をよじ登れるのです。四分は調子が悪くてもいいし、うつむいていてもいい。全力で頑張る必要もないし、それを嘆く必要もありません。六分四分は、調子が良いとも悪いとも言えない塩梅のいい配分なのです。

アマチュアは一発勝負を好みます。しかし、色川武大さんのようなプロは「勝ち星よりも、適当な負け星をひきこむ工夫の方が、肝要」だと考える人たちです。如何《いか》に負けるかをいつも頭の中に置きながら、戦っています。勝ち過ぎず、負け過ぎず、どちらかに偏らないように心を配るのがプロなのです。

壁をよじ登って向こう側を見るのを六分、壁の中でうつむくのを四分にしてみてください。その配分をながく守ることができれば、あなたも人生を生き抜くプロだということです。

6　適当な生活

二年前まで、身体の痛みを抑えるために十種類近い薬を飲んでいました。痛みには対処できますが、それを根治できるわけではありません。よく効く薬は、副作用もきつい。胃や食道が炎症を起こして満足に食事も摂ることができなくなりました。一種の薬害です。身体の痛みは、生まれつきなので騙し騙しやり過ごせますが、内臓の苦しみは、騙すこともできず、気力をじわじわ奪っていきました。

当たり前ですが、薬の摂り過ぎはいけないし、偏った摂り方もお勧めできません。ぴったり合っているということではなく、何かをつくろう程度の「適当」な量を摂らないと効きません。私は、内臓の苦しみを抑えるために、身体の痛みを抑える薬を断って、日常を「適当な生活」にしました。

適当な生活は、特に東洋で強調されますが、西洋でも心得るべき徳として昔からいろいろと説かれています。なかでも、日本に馴染みがあるのが「中道」です。辞書では、「中《ちゆう》」は「真ん中」という意味で、「中心」「中正《ちゆうせい》」「中庸《ちゆうよう》」などと使われ、優れた特性が含意されています。

そもそも、中道は仏教独特の観念で、「二つの対立した極端に囚われず、くわえて中にも囚われてはいけない」という教えが原始仏教の『スッタニパータ』に出てきます。右と左の両極があってその真ん中なら何でもいいということではありません。本当の真ん中は、大きな円ではなく、針で刺したほど極小の中にあります。また、中道は、「主要の道」とも訳され「要《かなめ》の道」とも言われています。真ん中を見極めて、要を踏まえることが中道の精神。でも、凡人には、要点をつかむことも難しいのに、極小の中を狙えと言われても無理な話です。

無理な話はさておき、そもそも、中道を知るためには両極を知る必要があります。遠くから眺めているだけでは、その善し悪しはわかりません。まずは、理屈ばかりこねていないで両極の甘みも苦味も味わうことです。でも、味わい過ぎには注意してください。何をするにしても、いき過ぎると、むしろ不満足な状態と変わりませんから。

私たちの現実の生活は非常に複雑です。何かの問題にぶつかったら、こういう点から見れば正しいけど、こういう点から見れば怪しい、あるいは、こういう点から見れば間違いかもしれないと思えることばかり。結局、いろいろな方向や角度から考えて、その上で適当な生活の目途をつけることが、私たちにできる中道ではないでしょうか。何かをつくろう程度の適当さがいいように思います。

7 なにもかも「因」しだい

仏教を興したブッダが王子のころ、「愛人を三人もかこっていた」と聞けばびっくりしませんか？　彼は、暑い時、寒い時、雨期のそれぞれの時期に相応《ふさわ》しい宮殿に女性とともに住んでいました。壁に囲まれた宮殿の中で快楽を追い求めていたのです。

一方で、ブッダは、幼くして母を亡くし一人で考え込む少年でした。内省することが好きで家来と遊ぶこともない。宮殿から一歩も出ず、壁の上から顔だけ出して向こうの街を眺めるだけです。案じた父は、ブッダを宮殿の外に連れ出します。目にしたのは、ヨボヨボの老人や道端に倒れている病人。死者を送る葬列。ブッダ王子、人生初の無常観との遭遇です。その後、修行者に出会い、心が一転。激しい苦行《くぎょう》を六年間も行った後、快楽も苦行も捨てました。

ブッダは、二つの対立した生き方を否定して、ありとあらゆるものは、すべて因（直接原因）と縁（間接原因）との二種の原因が働いて生ずるという「縁起《えんぎ》」のメソッドを考えます。「これをした（因）」から「こうなった（果）」が縁起の基本です。

もう少し正確に言えば「これをした（因）」時に「何かが働いた（縁）」ので「こうなった（果）」となります。例えば、花を咲かせるためには、花の種（因）だけでは芽は出ません。土の上に置いても水がなければ干からびます。花の種が芽を出して成長するためには、日光や土、水、風などの要因（縁）が必要です。因が縁と出会って、花（果）が咲くと考えるのが縁起です。

ブッダは、宮殿の中で行った内省を因とし、老病死《ろうびょうし》に遭遇するという縁に出会い、仏教という果を手にしました。もし、宮殿の中で、愛人に囲まれ、欲望のままに生活していたら、もし母を亡くした悲しみを消化できず、部屋の中で泣き明かしたままだったら、彼は怠惰な人生を送っていたでしょう。

私たちは日常的に「縁しだいで人生は変わる」と聞かされますが、一番大切なのは縁の前にある「因」の作り方なのです。花を咲かそうと思ったら、花の種が大切なのと同じです。カビた種を土に入れ、水をやっても元気に育ちません。善縁を呼び込むか、悪縁に手を出すか、それもこれもスタートの因の作り方しだい。ブッダ王子は、宮殿の中でとことん悩み、考えぬいた。この「とことん」が良質な因の作り方です。

でも、もしあなたが一人でとことんやる自信がないなら、他の人の手を借りてください。自己責任で不出来な因を作るぐらいなら、みんなで、とことんあなたの因を作ればいいのです。

8　ようは、間があく

顔についている穴は鋭敏です。穴の中でも特に目と口、さらに耳や鼻は外界の変化を察する能力が高い。私たちが実際に意識できるのはノド元までです。ノド元過ぎた熱いものは、内臓では感じません。

仏教では、迷いを引き起こす目・耳・鼻・舌の器官を六根の一部と考え、私欲を発信する穴だと捉えました。中でも多くの毒を吐くのは口です。猛毒になれば人の命をとりかねません。侮辱する。脅迫する。排除する。それらを扇動し表現するのが口から吐かれる汚いメッセージです。

ただし、言葉だけがメッセージを伝えているわけではありません。二人で話をする時は、言葉で伝えられるメッセージが三五%、残りの六五%はジェスチャーや表情、会話の間などの言葉以外の手段によって伝えられると言われています。割合だけ見れば、「目は口ほどに物を言う」は正しい。

言葉以外の情報でコミュニケーションすることは、「非言語コミュニケーション（ノンバーバル・コミュニケーション）」と呼ばれています。仲間に入りたいから笑ったり、仲間外れにしたいから無言でいたり、愛するために抱きしめたり。一般的に、非言語コミュニケーションは、ボディランゲージや叫び声、泣き声、ため息などの多種多様な周辺言語を言います。しかし、必ずしも自分が伝えたいメッセージが、相手に正確に伝わるとは限りません。

インカーブのアーティストは、テレビなどで流行《はや》っている言葉を反復する人や、短い単語をアットランダムに話す人、自分の伝えたいメッセージは何もないという素振りの「沈黙の人」がいます。なかでも、コミュニケーションが取りにくいと思われがちな沈黙の人と私の関係は、こんなイメージです。私と沈黙の人の間に飛び石が敷かれているとします。時間をかけて、それを踏んで渡れるようになってきた。あともう少しでハグができる。そう思って近づくとスルリとかわされる。飛び石は、一つ消え二つ消え、いつの間にか元の場所に引き戻され、また沈黙が始まるのです。

結局、私と沈黙の人との「間《ま》」は縮まりません。でも、彼は自分の縄張りを守ることができるし、壁の中にいる限り汚いメッセージや毒を受け入れなくてもいい。一方で、間がある限り、彼が声を発したとしても、途切れます。聴き取りにくいかもしれない。ようは、間があく。

彼らは、間が縮まり過ぎれば遠のき、空き過ぎれば近づいてきます。手が届きそうで、届かない。わかりあえたようで、わかりあえていない。彼らとの間は、私に「葛《かっ》藤《とう》」や「矛盾」をあたえてくれます。この感覚が彼らからいただく最大のご褒《ほう》美《び》なのです。標準化も規格化もされていない彼らの沈黙に潜り込むには多少の勇気がいるかもしれません。でも、潜り込めば人間として必要な間に出会うことができます。こんなご褒美は、座学では得られません。

9　閉じながら開く

「知って欲しい」が過ぎていませんか？　困っている人の悩みを知って欲しい。その存在を知って欲しい。望むと望まざるにかかわらず「知って欲しい」を知らせる人が多過ぎます。大概、そのような方は悪意のない善意の持ち主です。つまり、いい人。

社会福祉施設（例えば、保育園、障がい者施設、高齢者施設）では年がら年中「見学自由」なところが多い。例えば、障がい者施設は「障がい者の存在を知って欲しい」「障がい者の悩みを知って欲しい」との思いからさまざまなイベントや展覧会を企画しています。

毎日のように、見学者を受け入れ、障がい者への理解を得ようと試みている施設を行政も後押しします。「施設は地域に開かれた存在になりましょう」「地域に必要な施設であるべきです」。行政は、施設に紋切り型の言葉で要請し、施設も全力で応える。

その結果、施設は毎日お祭り騒ぎです。知らない人が集い、仲間になり、地域の「居場所」の出来上がり。でも、その居場所は誰のためにあるのでしょうか？　施設にいる障がい者は、自分たちの存在を知らしめたいのでしょうか？　「知って欲しい」と思っているのは悪意のない善意をもっている施設側の人間ではないでしょうか？　私は、「知って欲しい」を完全否定しているわけではありませんが、やり過ぎているように思うのです。

私がインカーブを「閉じながら開く」組織にしていこうと考えた一つには、彼らを慮《おもんぱか》ることができなかった見学会の反省があります。インカーブがスタートした二〇年ほど前は、毎月のように見学会を開催していました。見学者は、地域の人から市議会議員、県議会議員、学校関係者など目的や興味、熱心度もバラバラ。連絡もなく当日キャンセルをする無作法《ぶさほう》な輩《やから》もいる。一方で、彼らの対応に疲弊《ひへい》しているスタッフと、見知らぬ人が自分のアトリエに入ってきて気持ちをザワザワさせる、知的に障がいのあるアーティストたち。施設を開きすぎた結果、内部は疲れ切りました。

そもそも、極論すれば、社会福祉施設は、彼らと彼らをケアするスタッフの場所です。見学者の満足や地域への貢献は二の次でいい。それが、私の考え方です。

「外からのインプットを排除して繭の中にこもる。そんなときにこそ中でなにかが醸成していたり、励起状態になっていって、まもなく鮮烈な化学反応が起き、新しいものが生まれてくるかもしれない」（宮地《みやじ》尚子《なおこ》著『傷を愛せるか』）と考えて欲しいのです。まずは、繭を閉じることです。そして、さなぎが蝶になる時を見計らって開ければいい。開きっぱなしだと害虫が侵入します。閉じっぱなしだとカビ臭い。壁の中に籠りながら、時が来たら壁の上から顔を出す。それが「閉じながら開く」ということです。

10 やっかいで煩わしい小さな人間関係

『つながりすぎない』『逃げ道』といったこの〝配慮（インクルージョン）〟こそが、障害の有無や経済・社会福祉という分野を超えて、これからの人のあり方、市場を含む社会全体の共生のあり方を考察する際の鍵である」（『第三文明』）。これは、湯浅誠《ゆあさまこと》さん（社会活動家・東京大学特任教授）からいただいた拙著（『共感を超える市場――つながりすぎない社会福祉とアート』）の書評の一部です。

つながりすぎずに、いつも逃げ道を作っておくことが、なぜ、人間や社会全体の共生のあり方の鍵となるのでしょうか？

職場では、正規と非正規が混在し愛社精神にもグラデーションがあります。短期間に成果を求められヘマをするとクビ。ウェブ上では知らない者同士が簡単に集まり、気に入らなければ簡単に逃げ出す。オンライン化が進んで、生身の身体に触れる機会が減ったことで、私たちは、すぐに取っ替え引っ替えの利く希薄な「つながり」を増やしてきました。それは決して長い時間を共有し、良いところも悪いところも受け入れあったものではありません。

他者との関係もネットに漂う情報も、自らの身の丈にあった分量を超えれば過ぎたるは及ばざるが如し。異業種交流会で名刺を何十枚もらっても、数日経てば記憶もまだら。顔と名前が一致しません。その時は、意気投合しても長続きはしないものです。

人生に浮き沈みはつきものです。不意に病魔が襲う。仕事でだまされる。最愛の人を失う。そうした危機に助けてくれるのは誰でしょうか？　結局、家族や友人など、「やっかいで煩《わずら》わしい小さな人間関係」なのです。

「つながりすぎない」とは、「誰ともつながらない」ということではありません。

京都大学の山極寿一《やまぎわじゆいち》総長は、「つながりすぎない」人数は、「一五〇人」だと述べています。一五〇人は、言葉ではなくて、過去に何かを一緒にした記憶によって結びついている人数で、年賀状を書く時に思い浮かぶ人数だとも。二〇〇万年前から大きくなり始めた人間の脳は、集団の規模が拡大するのに合わせて、六〇万～四〇万年前に当初の三倍に膨れ上がりました。その大きさは一五〇人規模で暮らすのに適した「社会脳」だと言います。私たちは、理解の届く集団の中でこそ人間でありうるのです。

私のそばにいてくれる一五〇人は、「つながりすぎない」ことで得ました。手間暇かけてお互いを慮ってもやっかいで煩わしい小さな人間関係」はそのままです。でも、そんな友が私にとって「逃げ道」なのです。この身このままで許してくれて、私を認めてくれる。そんな極上の人間は、そう多くなくていい。

第四章　つまずく壁を作ってみる

つまずいて
立ち上がる気持ちがないなら、
いっとき伏せておけばいい。
きっと、誰かが気づいて
抱き起こしてくれるでしょう。
でも、全員がそうすべきだと
思ったら、それは違う。
助けたいと思ったら助けたらいいし、
できないなら無理しなくても
いいのです。

1　摺り足でバランスをとる

人は、段差の高さによって「上がる」と「歩く」という二つの動きを瞬時に使い分けています。一般的に「つまずく」境界は、高さが三センチ。これより高いと上がることを選び、これより低いと歩くことを選ぶようです。つまずく時は、歩く足が振り子のように動き、地面にあたった瞬間です。

私の場合は、上がる、歩くではなく、地面からほとんど足を上げない「摺《す》り足」で歩いています。子どものころは、脚の筋力もあり、階段を上がることも、走ることもできましたが、年々、筋力が落ちてきて足を摺るようになってきました。

摺り足は、柔道などの格闘技や、野球の打者のバッティングフォームで見ることができます。一方の足に体重を乗せ過ぎると、相手に崩されやすくなるため、畳やグラウンドから大きく足を上げないように摺るのです。

子どものころの私は、よくつまずきました。平坦な道なのにつまずいて転ぶ、ボールを蹴り損なって転ぶ、友だちにぶつかって転ぶ。きっと、足を上げているつもりでも上がっていなかったのでしょう。

ところが、高校の時から、つまずいて転んだ記憶がありません。障がいで足が上がらなくなり、自然に摺り足になって、バランスを崩すことがなくなりました。一方の足に体重を乗せ過ぎず、両足に均等にかかった状態だからつまずかないし、転ぶこともない。当たり前といえば当たり前なのですが、そんなことに気がついたのは最近のことです。

摺り足の特徴をバッティングで解釈すればこうなります。野球には摺り足打法というフォームがあります。最大のメリットは、目線がズレないこと。摺り足打法では、バッティングの構えから振り出す時まで無駄な動きを省くことができるので、その分、目線のズレも起きにくいのです。一方、摺り足打法のデメリットは、体重移動がしにくいことです。ただ、体重移動ができないからといってホームランや長打が出ないわけではありません。通算三〇八五安打の日本記録を持つ張本勲《はりもといさお》さんも、三度の三冠王をとった落合博満《おちあいひろみつ》さんも摺り足でした。

つまずかないためには、偏った考え方をしないことです。上がることや歩くことを経験した上で、どちらかの立場に偏らず摺り足を選ぶ態度が必要だと思うのです。それが私なりの中道です。時には、上がることを諦める必要もあるでしょう。歩くことも同様です。一つや二つのつまずきで、すべての道が塞《ふさ》がるわけではありません。自分の心や身体に耳を傾けて、あなたらしいバランスを探してください。

現在の私は、つまずきやすい「上がる」、「歩く」より、つまずきにくい「摺り足」を選んでいますが明日は違った摺り足になっているのは確かです。もしかしたら、新たな歩き方を思いつくかもしれない。今日の身体で明日を生きていませんから。いずれにしても、私なりの足の出し方で歩くことにします。

2　つまずいた時の身構え方

亡くなった父は、よく転ぶ私に柔道の「受け身」を教えてくれました。海軍の年少兵だった父は、「受け身ができたら、転んでも、怪我は少なくてすむ」と上官から叩き込まれ、技らしい技を教わることなく戦地に向かったようです。

受け身が有効に働くのは転ぶ前ではなく、「転んだ時」です。つまずいて転んで、身体の一箇所にダメージが集中すれば大怪我をするかもしれません。一方、ダメージの総量は同じでも、数箇所に分散できれば、軽症ですみます。

転べばダメージを受けます。それは仕方ないことです。私は、そのダメージを「大《だい》難《なん》を小難《しょうなん》に」乗り切ることを考えます。大きな難儀《なんぎ》を小さくしたい。できる限り、ダメージを少なくしたい。「大難を小難に」は、最善の策のように思われますが、本当は、「大難を小難に、小難を無難《ぶなん》に」が正解のようです。でも、私は、ダメージを受けて「無難に」乗り切れたためしがありません。どこかに傷やあざができます。すぐに治る傷もあれば、ずっと心の奥底に沈淪《ちんりん》する傷もある。人に見せたくない傷なら病院にも行きません。だから、治りも遅いし、傷跡も残ったままです。

「大難を小難に」するために、受け身を学ぶのですが、受け身の上手い人／下手な人がいるのも事実です。受け身の上手い人は、投げ飛ばされている自分をもう一人の自分が離れた場所で見ているように思うのです。生きている人間の肉体から、心と意識が抜け出すという幽体離脱《ゆうたいりだつ》のような現象が起こっているのではないか。

世阿弥《ぜあみ》は、「自分の姿をもう一人の自分が離れた場所で見ている」ことを「離《り》見の見《けん》」と呼びました。それは、自分を後ろから見つめる眼差しをもつことです。幽体離脱のような眼差しは、多角的なアングルをもち、道場全体の中で、自分の姿を見定めることができると言います。

ながく歩いていれば、誰でもつまずいて転びます。自分自身でつまずくこともあれば、人に背中を押されてつまずくことも。マサカは日常のいたるところに転がっています。だから、つまずいた時は、「離見の見」のような、体勢が肝心なのです。

転んだまま、つまずいたままで地面に伏せていても、あなたのお役目は果たせません。でももし、立ち上がる気持ちが本当にないなら、あなたのお役目は終わったということです。否定的ではなく、私は、それで良いと思います。ここまで頑張ってきたのですから、いっとき伏せておけばいい。

まだ、立ち上がる気持ちがあって、転んでも、つまずいても「大難を小難に」にしたいなら、まず初めに受け身を学ぶことです。技を極める前に、受け身をやる。受け身が完成すれば、投げられることへの恐怖心がなくなり、技は必ず上達します。さらに、あなたが上手い受け身の使い手なら、すぐに次の攻めの体勢に入れるでしょう。

3　助けたいと思ったら助けたらいい

何気なく、娘の絵本『かわにくまがおっこちた』(リチャード・T・モリス著)を読んでいました。この物語は、くまが古い木によじ登り、折れた木と一緒に川に落っこちるところからスタートします。

はじめに、くまの頭に乗ったのは、ずっとひとりぼっちで、友だちを探していたカエルです。次は、臆病なカメや元気なビーバー。最後は、陽気なアライグマがしがみつきます。他者と他者がつながってONE TEAMが完成するという物語です。

でも、私は、本の見返しに少し残酷な物語を発見してしまいました。くまとカエル、カメ、ビーバー、アライグマが仲良く円陣を組んでいる傍らに、彼らをじっと見つめる動物もいますが、彼らや他の動物たちは円陣に駆け寄ろうとはしません。空を飛ぶ鳥もそうです。見て見ぬふり。川辺に集う動物たちは、みんなが木が折れて川に落ちたくまを助けようと思っていたわけではありません。「助けたいと思ったら助けたらいいし、助けられないと思ったら、無理しなくてもいい」が著者の隠れた本音だったように思うのです。

大きな震災や事故が起こった時、「困っている者を助けるべきだ。それが人間というものです」とテレビのコメンテーターが口にします。でも、私は何かひっかかるのです。すべきだからではなく、自分が納得すれば助ければいいし、助けられない状態なら無理しなくていい。私が車椅子から転げていても手を貸してくれる人もいれば、通り過ぎる人もいます。みんなが助けてくれるわけではありません。私はそれでいいと思っています。みんな何かの事情を抱えて生きているのですから。

親鸞は、そのあたりの態度を二種類の「慈悲《じひ》」を使い分けて見事に納得させてくれます。一つは「聖道《しょうどう》の慈悲」です。これは、誰かが災害や戦争に巻き込まれて苦しんでいたら、必ず助けてあげるという自分の意志に基づく慈悲です。もう一つが「浄土《じょうど》の慈悲」です。はじめから助けなければならないと思ったわけじゃないけど、目の前で困っている人がいたから、自然に手が出てしまったという慈悲です。

親鸞は、後者の「浄土の慈悲」を勧めます。なぜかと言うと、私たちは「聖道の慈悲」を貫徹できないし、すべての苦しんでいる人を助けることはできないからです。一方の「浄土の慈悲」は、所詮、人間のすることなんてたかが知れているし、自力には限界があるというところからスタートしています。

困っている人を助けることは間違いではありません。正しいことです。でも、正しい正しいことだから、全員がそうすべきだというのはひっかかる。木が折れて川に落ちたくまを助けたいと思ったら助けたらいいし、できない事情があるなら無理しなくてもいい。私たちは、いつも、前向きで、タフなわけではありません。自然に手が出てしまう時に手を出せばいいと思うのです。

4　さっさと問題を放り出してみる

つまずく前に、「やるべきこと」がわかれば苦労はいりません。そのヒントが『アイデアのつくり方』（ジェームス・W・ヤング著）にあります。私がこの本を初めて読んだのは、乃村工藝社のデザイン部に配属された二二歳のころでした。

著者は、アイデアとは「既存の要素の新しい組み合わせ」だと書きます。その方法は、いたって簡単です（ゆえに難しいのですが）。まず「特殊」な資料と「一般的」な資料を集める。広告で特殊な資料といえば、製品とその消費者の属性に関わるもので、一般的な資料は、政治や経済などの常識的な資料を言います。二つ目は、このように集めた「資料を咀嚼《そしやく》」し、三つ目は「できるだけ完全にこの問題を心の外に放り出」す勇気を持ち、四つ目はひらめきを待つ。最後は出てきた「アイデアを具体化し展開させる」。この簡単な方法の中に、アイデアの作り方に限らず、つまずく前に「やるべきこと」のヒントがあります。

それは、「できるだけ完全にこの問題を心の外に放り出す」ことです。考えたことを「心の外に放り出す」ことができないと良いアイデアは浮かびません。時間をかけて嫌になるほど考えたら、さっさと問題を放り出し、インターバルをとる。すると、ふとした瞬間にアイデアが降りてくるのです。インターバルをとらないせっかち過ぎる人は、遥か遠くを見ています。だから、足元はおろそか。少しの出っ張りでもつまずきます。

私は、（つまずくことが許されない）社会福祉を考える時に「〝熱い胸〟と〝冷たい頭〟」を心がけてきました。社会福祉学者の一番ヶ瀬《いちばんがせ》康子《やすこ》さんは、「〝熱い胸〟というのは感性的認識で、それは大事にしないといけないけれど、そこにとどまっている限りより根本的な解決につながらない」と言い、「なぜそうなったかという科学的認識あるいは理性的認識を媒介におかなければいけない。これが、〝冷たい頭〟だということです」と述べています（『社会福祉とはなにか』）。「熱い胸」は大切ですが、それだけで突き進んでいくと、大きな判断ミスをするという指摘です。「熱い胸と冷たい頭」は、福祉に携わる者に限らず、なにがしかの仕事に携わる者なら、その必要性を感じるはずです。時間をかけて考えたら、立ち止まって冷たい頭になってください。できるだけ完全にこの問題を心の外に放り出す勇気を持ってください。それが、つまずかないポイントです。そこまでくれば、あとは待つだけ。アイデアが降りてきたら前進したらいいし、降りてこなければまた考えればいいだけです。

5　バラツキが埋め込まれた社会

一緒だと、いい時はいいけど悪い時には全滅する。だから、雑草はいろいろな種を持っています。背の高いものや低いもの、太いものや細いもの。色も形もまちまちです。私たちはそれを「多様性」と呼んでいます。政府も企業も「多様性のある社会を作る」ことを大絶賛。ただ、その実現は難しい。

産業革命以降、私たちはバラツキを平均化することで社会を作ってきました。この社会の特徴は、管理であり支配であり効率です。分業制が整った工場は、一番効率的です。その原型は軍隊です。管理は軍隊から工場、工場から学校に移植されてきました。

子どもたちは、連帯に乱れがないように制服や制帽、靴下の色まで決められました。生徒手帳には細かな学校のルールが記され、破った生徒には罰則があたえられます。ルールを守った者には朝礼で賞状のご褒美。知らない間に、深く考えることも、疑問に思うことも忘れるのです。公立学校では、いまだに多様性に反したルールが採用されています。制服や制帽を強《し》いられている子どもたちが積極的に「多様性のある社会を作る」とは思えない。

そもそも、人間の頭脳は多様性が苦手です。私たちは、すべての情報を頭で処理しようとします。だから、物事を単純化して理解しないとパンクするのです。いろいろな物差しを作って、それを尺度に判断するしか仕方がない。管理する、支配する、効率を高めるのは極めて人間的な態度だと言えます。

私たちは、強く賢い人間を大量に生み出すためにバラついた者を排除してきました。

例えば、戦後、富国強兵に疑念を持たれないようにハンセン病の者を隔離し、強靭《きょうじん》な日本人を装ったり、障がい者の入所施設を都会から引きはがし、人間より動物の多い山の中に隠したりしたわけです。同じようなことは、弱者の歴史を掘れば山ほど出てきます。そのあたりは、「添書き」でお話ししましょう。

つまり、多様性はややこしいのです。平均化なんてできないし、単純化も無理。それでもあなたが本当に多様性を望むなら、バラツキが埋め込まれた社会で生きていく覚悟を持つことです。それは、生易《なまやさ》しい社会ではありません。

脅迫するつもりはありませんが、あなたは、規格外の身体をもつ者、理解のできない行動をする者、野蛮な野望をもつ者、生きる意味を失ってしまった者と一緒に生きていけますか？　ややこしい者たちを前にすれば、きっとあなたはつまずくはずです。どう話しかければいいか躊躇し、その場を退くかもしれない。目を背ける者もいるでしょう。当然です。初めて見る規格外は恐怖です。でも、それが多様性です。

もし、あなたが、つまずくことを躊躇するなら、多様性のある社会を実現したいなんて言ってはダメです。つまずくことを覚悟するしか、多様性のある社会は実現できないのですから。

6　根っこの部分をさらけだす

インカーブのアーティスト・寺尾勝広さんは、おそらく日本で初めて知的に障がいのあるアーティストとして国公立大学の教壇に立った人間だと思います。寺尾さんは、金沢美術工芸大学のデザイン、工芸、純粋美術の二〇〇人近い学生に公開制作を行いました。

九〇分の授業を終え、学生が寺尾さんに「寺尾さんは毎日、同じ鉄の絵を描いてて、飽きないですか？」と質問します。寺尾さんは、「好きやから、飽きへん」と答えます。女子学生は泣き出しました。つられて、まわりにいた学生も泣き出しました。「私は子どものころから絵が好きで……、だからこの大学にも来て……、だけど今では教授の顔色や受けをねらったものばかりが頭の中をかけめぐる……、好きだからって言える寺尾さんは凄い……」。泣き声が教室に響くぐらいに聞こえました。

人間の気持ちは、繊細で複雑だと思うと間違いやすくなります。例えば、椅子とテーブルだけの部屋で、あなたに紙と鉛筆があたえられたとします。さて、どうしますか？　ボーッと眺めているだけ？　紙飛行機をつくって飛ばす？　きっと、何かを描くはず。人間のとる行動なんて単純だし、根っこは同じようなものです。

私は、学生のころから、絵を描く友人を後ろから見るのが好きでした。彼は、次に何色のチューブをとり、画面のどこに筆を置こうとしているのか。どのタッチが気に入らないのか。もう、零時を過ぎた、そろそろ寝よう、いやいや夜食が食いたい。見ていると何となく察しがつきます。彼がとる行動は私のそれとさほど変わりません。きっと、人間ならではの部分は、たいした違いはないのです。

当たり前の根っこのようなものが、忘れられていることが多くなりました。「寺尾さんは毎日、同じ鉄の絵を描いてて、飽きないですか？」と質問されて、「好きやから、飽きへん」と答える。松下幸之助《まつしたこうのすけ》さんの講演の記録のなかに、「雨が降ったら、傘をさすんです」という言葉がありました。いつから降り出したのかとか、どれくらい降るのかとか、考えだすとキリがない。でも、そんなことより、雨の中を歩くなら、傘をさせばいいのです。ただ、それだけのことをひねくりまわして、複雑に考えることが恰好《かっこう》良く映ったりします。

つまずきたくなかったら、飛び越えればいいし、つまずいても平気なら、思いっきり、ぶっ倒れたらいい。飛び越えることを躊躇した姿も、それはそれでいいじゃないですか。つまずいた後の姿ばかりに気を揉《も》んでも仕方がない。自分の思いの根っこの部分をさらけだすことが大事じゃないでしょうか。「好きやから」を聞いた時、私は憑《つ》き物が取れたような気がしました。

7　つまずいた仏様

つまずいた仏様に会いました。その仏様は、比叡山《ひえいざん》の酒井雄哉《さかいゆうさい》さんです。戦後、自分のラーメン屋を火事で失い、その後は職を転々。新婚早々、妻は理由も告げず自殺。ショックのあまり抜け殻のような状態が続いたと言います。縁あってお山（比叡山）に登ります。酒井さんは、千日回峰行《せんにちかいほうぎょう》を二度達成し、大阿闍梨《だいあじゃり》になったのです。

雑誌で、酒井さんと村木厚子《むらきあつこ》さん（元厚生労働事務次官）の対談が組まれました。私は、お付き合いのあった村木さんに無理を言って同席させてもらい、酒井さんの言葉を聞き書きしました。「人はみんな『人生の論文』を阿弥陀《あみだ》様に提出するんだよ。出来が悪ければ閻魔《えんま》様に地獄に突き落とされて、良ければ阿弥陀様がお浄土に連れて行ってくださる。でもね、普通の人は論文を書こうとしないんだ」と語ります。

私は「人生は論文を書くこと」だと聞いて、「なんや！　そうやったんや」と膝を打ちました。論文の善《よ》し悪《あ》しは、「問いの立て方」しだいです。人生の「問い」は、「つまずき」の中から見出せることが多いはずです。酒井さんの場合は、つまずき続きの二〇代から三〇代が問いの起点だったのでしょう。

火事に始まり、職を失い、新妻の自殺。苛烈なご縁であっても「苦しみの量は人によって違うよ。その人の『力量』によって仏様からあたえられる『苦の量』は違うんだ」として受け取り「生きるも死ぬも背中合わせ。よい世界もわるい世界も自分のなかで背中合わせ」だと、酒井さんは言います。その裏付けは、千日回峰行を二度達成したことにありました。

平安時代から続くその修行は、比叡山の礼拝場所などを巡り約四万キロを歩きます。修行七〇〇日を終えた後には九日間、食事や水を断ち不眠不臥《ふみんふが》で不動明王真言《ふどうみょうおうしんごん》を一〇万回唱え続ける「堂入り」を行うのです。その後、二年間修行を続け、すべての修行を終えるまで七年間を要します。千日回峰行を二度達成した人は、織田信長の焼き打ち以降で三人しかいないというから、まさに生き仏です。

「酒井さん、みたいに、生きられへんわ……」なんて嘆く必要はありません。酒井さんにあたえられた「苦の量」は、生き仏の「力量」に合わせたものです。もし、あなたが人生につまずいても、あなたの「力量」を超えません。「山より大きな猪《いのしし》は出ぬ」ものです。

酒井さんは、大きくつまずいたから「人生の論文」のテーマを見つけることができました。もし、つまずかなかったら……きっと、テーマが定まらないまま論文提出の日を迎えたでしょう。私たちは、酒井さんのようなつまずきを真似る必要はありませんが、つまずくことで「人生の論文」のテーマが見つかることも忘れてはいけません。

8　あなたの怒りは何ですか？

「怒り」について考えてみたいと思います。仏教では、三毒の一つと言われていて、修行や呪術などで撃退することを試しましたが消えることはありませんでした。「あなたの『怒り』は何ですか？」と拙著『社会を希望で満たす働きかた――ソーシャルデザインという仕事』（朝日新聞出版）で問いました。あなたの社会に対する怒りが見つかれば、それが社会を希望で満たすきっかけになると思ったからです。

希望とは、自分でコノユビを立てることです。もし立てられないのなら、誰かが立てたコノユビにつながればいい。人のつながりが増えれば、社会を満たす希望が増えていくはずです。

一般的に怒りの感情は、心身を活性化し、必要に応じて身体を戦闘態勢にしてくれます。ただ、脳内が怒りの感情だけになってしまえば、理性を失い、身体や精神、人間関係を攻撃する可能性も出てきます。問題は、怒りの感情のベクトルをどこに向けるかです。八つ当たりは、ストレスの発散になっても、悪縁がすり寄ってきて、人生は好転しません。

怒りが破滅に向かうパターンではなく、怒りを希望に変えることはできないでしょうか？　高さ三センチの壁につまずいたら、スロープを取り付けてみてください。社会悪を発見したら声をあげてみてください。手間と勇気をいとわなければ希望が見えるはずです。

三木清さんは、「憤り」を否定しつつ、「公憤」という公共の正義から起こる「怒り」を肯定しています。「世界が人間的に、余りに人間的になったとき必要なのは怒であり、神の怒を知ることである」「今日、愛については誰も語っている。誰が怒について真剣に語ろうとするのであるか」「切に義人を思う。義人とは何か、——怒ることを知れる者である」(『人生論ノート』)と書きました。

怒りを外へ出さないで、中に閉じ込めて憎しみが習慣化するより、少し腹を立てたほうがいいし、闘うことを忘れないほうがいい。世の中には、いろいろな不正が満ちています。でも、知性的な勇気があれば、棒切れを振り回して人を無用に攻撃することはありません。怒りは感情的なものではなく、希望を追い求めるがゆえの態度なのです。

「人生は運命であるように、人生は希望である。運命的な存在である人間にとって生きていることは希望を持っていることである」と三木さんは『人生論ノート』を締めました。希望はなくなるのではなく、そもそも私たちに備わっているものだと信じたい。つまずいた時こそ、あなたの怒りが試されます。破壊的な怒りか、それとも希望に変わる怒りか。みんながコノユビに留まってくれるのは、間違いなく後者の怒りです。

9 「私の立場」の「中心」をズラす

私たちは、さまざまな「立場」をもっています。私で言えば、夫や父という家族の一員としての立場と社会福祉法人 素王会《そおう》の理事長、アトリエ インカーブのクリエイティブディレクター、公益財団法人東京オリンピック・パラリンピック競技大会組織委員会の文化・教育委員会委員やエンブレム委員会委員、さらに厚生労働省や文化庁で呼ばれる各委員の立場があります。そして、その立場ごとの「願い」に従って生きています。ミクロレベルには、私個人の願いがあり、メゾレベルには社会への願い、マクロレベルには、国家や人類への願いなどがそうです。

しかし、これらは何処《どこ》まで広げても、「私の立場を中心にした願い」です。私と家族も私と国家も一つの立場を中心とした願いなのです。だから、私の立場とあなたの立場がぶつかると、つまずきます。そのコンフリクトが国家間で発生すると戦争になるのです。

自分が強欲《ごうよく》になればなるほど本当の自己実現は叶わないのが世の常。「私が、私が」

と我を通せば、家族も友人も離れ、結果的には、仕事も人生もつまずきます。一方で、自分を超え、家族や社会から求められることに没頭すれば、その人に眠っていた力が発揮され、家族も友人も寄り添ってくれます。

「私の立場を中心にした願い」ではなく、「私の立場」を「中心」からズラせば、つまずきは避けられるのではないでしょうか。ヴィクトール・E・フランクルなら、「人間はもともと、自己自身を忘れ、自己自身を無視する程度に応じてのみ、自己自身を実現することができるのです」(『生きがい喪失の悩み』)と言うでしょう。彼は、それを「自己超越」と呼んでいました。

私もあなたも少なからず欲があります。欲があるから、不幸ではなく幸せになりたいと願うのです。それは、否定されるものではなく、欲があるから叶えられるものだと言えます。しかし、自己超越しない欲は、つまずくのがオチ。「私の立場」を中心からズラしあった者が集まり、共に生活できれば、これ以上の幸せはありません。ただ、その幸せが長く続かないのも道理。つまずくこともあるでしょう。その時に、それを敗北だと考えると、それがつまずきの元になります。

つまずきたくなければ、つまずきを許してあげることです。「つまずいたのはあなたのせい」のように原因を個人に押しつけてしまうと、つまずきを隠すようになります。人は嘘をつく動物ですからそれも仕方ない。でも、嘘は、学習の機会を奪い、つまずきは連鎖します。そうではなくて、つまずきは学びの機会と捉え、チーム全体でその原因を究明することです。

「私の立場」を中心からズラした個人やチームなら、つまずきを学びにかえ、次回のつまずきに備えることができます。

10 強者のつまずき

重・軽度の違いはあっても、知的に障がいのある方は、緩やかな時間をもっています。くわえて、生活に困りごとも多い。緩やかな時間を奪われたり、急《せ》き立てられたら、生活の困りごとは一層増えていきます。

政府や社会福祉事業者は、緩やかな時間に代わって、「効率」を重視した「働き方」によって、「成果」を「短期的」に求めようとしてきました。例えば、障がい者の就労支援の現場で、「うちの利用者さんは、毎月平均して一〇万円も稼いでますねん。

目標は一二万。もう、少し頑張らなきゃね」「この子（福祉分野では年配の利用者であっても、子ども扱いされるのが当たり前）は、一日一〇〇枚の袋詰めしかできひんかったのに、二〇〇枚もできるようになったんですわ、えらいでしょ」というように成果を競い合います。

その背景には、「生産性」に価値が宿るという前提があるように思うのです。そもそも、彼らは心底、経済的成果を求めているのでしょうか？　もしかしたら、管理者の圧力に屈しているだけかもしれません。行き過ぎた成果主義は、心の不調や豊かな才能が潰れる可能性があります。

経済力や運動能力による生産性に価値を置き過ぎると、かつて、ナチスがユダヤ人や知的障がい者らを虐殺した優生思想につながりかねません。今日のグローバルな競争原理は、自己責任主義、成果主義、能力主義です。しかし、歴史を見れば、自由な市場競争の重要性をいち早く発見したアダム・スミスは、自著の『道徳感情論』の中で、人間社会は、人間同士の共感がベースにあるべきだと主張しました。市場競争といえども、相互の共感がなければ獣と同じだということです。

強者は、弱者を「ケア」もしますが「コントロール」もします。コントロールは、愛情が深ければ深いほど強度を増すものです。日本の殺人事件の五五%が親族間殺人だというのが良い例でしょう。強者のつまずきは、弱者への行き過ぎたコントロールで起こります。スミスの道徳感情論を福祉に援用すれば、「成果」を求める前に、障がい者とスタッフの相互の共感がなければ、そもそも人間関係は成立していないということです。それは親族関係でも同じです。

インカーブには、「東京2020オリンピック・パラリンピック公式アートポスター」のアーティストの一人に選出され、さらに、ロンドンで開催された世界最大規模の公募展「ロイヤルアカデミー・オブ・アーツサマーエキシビジョン2018」に選ばれるなど、国際的に高い評価を得ている新木友行さんがいます。彼は、二〇年近く格闘技やスポーツをモチーフに躍動感あふれる作品を描き続けてきました。社会は短期的な成果ばかりを要請しますが、長い時間をかけて緩やかに大きく成長する人もいます。

彼のようなアーティストに出会うと、こちらの理屈がねじ曲げられます。短期的に、成果や生産性を追い求め、彼らをコントロール下に置くことで作ってきた社会の価値観がグラグラと崩れていくからです。

第五章

対談「一人ひとりで、共に」壁を考える

熊《くま》谷《がや》晋《しん》一《いち》郎《ろう》（東京大学先端科学技術研究センター准教授／医師／当事者研究）
×
今中博之

みんな、傷だらけなわけです。
でも、不思議と、ほとんどの傷は痛みません。
すでに私たちは、癒す方法を見つけてきたわけですから。
いつまでたっても傷が痛むのは、
あなたが一人だからです。

「物語」と「からだ」の喧嘩

熊谷　これまで「壁」というのは、バリアフリーという概念が象徴するように、「取り除くもの」という形で捉えられてきた部分もあると思いますが、この本の中で「壁」は、むしろ積極的な意味合いとして捉えていますよね。

今中　そうですね。私は四〇歳前まで大きな企業のインハウスデザイナーをしていて、自分の障がいに向き合うこともなく、外に向かってアプローチしていくことばかり考えていました。しかし、それに反して「からだ」が痛みだし、障がいが重度化してきたんです。「私には生来の障がいがあるんや」と気づいたのは三〇代半ばでした。歳を重ね膝や股関節、腰、首などに二次障がいが起こってきて、「壁」の中に引き籠らざるを得なくなった。そうした時に不思議なご縁が次々につながっていったんです。

今、私たちは新型コロナウイルスの厄災によって、積極的に外へ出たり、つながることを自粛するように要請されました。そこで本来は「取り除くもの」と思われがちな「壁」が自分を「内省」できる空間や時間を生み出すということを伝えたいと思いました。

熊谷　少し立ち止まるというのは、私も自分自身の経験を振り返ると心当たりがあります。私はよく人間を「二つの要素」に分けて考えています。一つは「物語的な要素」です。これまでこんなふうに生きてきたから今後はこんなふうに生きていきたい、生きていくだろうなと希望的観測や現実的な予測を立てながら、自分の人生を一冊の自伝のようなものとして捉えています。そしてもう一つの構成要素が「からだ」というもの。それは脳味噌も含む「からだ」ですが、「物語」の主人公としての自分を「からだ」として捉えるわけです。

その二つの要素は唯一無二、世界にたった一つの自分というものの根拠づけになる二大要素で、まったく同じ身体の人はいないし、仮に遺伝子がそっくりで双子のような身体であっても、生きてきた物語は異なる。ただ、その二つが喧嘩することがあります。「からだ」と「物語」がマッチしている時には比較的順調に、前向きにいく。物語を書き進める筆が止まらないというのでしょうか、前に向かって動き続けることができるのですけど、たまに「からだ」と「物語」が衝突してしまうことがある。私は三〇代はじめぐらいでしょうか、大きく「からだ」が変化して、そしてそれまでもっていた「物語」の継続が困難になりました。その時「あっ、喧嘩しているな」ということに気づくわけです。

この衝突というのはいろいろな症状として出るわけですが、私も今中さんとまったく同じで、痛みだった。「物語」も痛がっているし、「からだ」も痛がっている。「物語」の痛みというのはいわゆるトラウマと呼ばれるものですね。「物語」に鞭を打ち続けられ、「からだ」も傷つけられて痛い。両方の痛みが渾然一体となって、何の痛みなのかもわからないという喧嘩を起こした時はけっこうキツかった。単純な物理的な怪我による痛みだったらまだいいのですが、「物語」も痛んでいることで、二倍、三倍に痛いというような経験をしました。

障がいに限らない、多くの人が抱えている苦悩というのは大なり小なり同じようなことだと思うのですけど、おそらくそういった経験を今中さんは「壁」と表現されているのではないかと思って。そうするとすごくおっしゃることが理解できます。

今中　「物語」と「からだ」が喧嘩をするというお話を聞いて連想したのは、その二つには、私が作り出したものではない背景があるということです。自伝を書こうとする私は、私が所属するコミュニティの価値観から影響を受け、縛られもする。その枠組みの中でしか自伝は書けないんです。一方で古い仏典には、身体の半分を仏が作り、残りの半分を父母が作ると書いてある。つまり、「物語」と「からだ」の喧嘩から生まれる「痛み」は、自分の力でコントロールできることが少ないということです。障がいに限らず、多くの人が抱えている苦悩は、思い通りにならないという一切皆苦の物語です。その如何ともしがたい苦悩をスルーせずに苦悩として感じることが「壁」を考えるうえの端緒になると思います。

熊谷　よく「ポスト・トラウマティック・グロース（心的外傷後成長）」という言い方をしますよね。衝突を糧にする。糧にするというと渦中にある人にはきつい言葉になるわけですが、「物語」と「からだ」がガチンコで喧嘩している状態を武装解除していくわけです。このプロセスは、作業としては多岐にわたる。「物語」の再編集の作業が必要となるだろうし、「からだ」をじっくり見つめ直す作業も必要となってくるかもしれない。順風満帆な時には「からだ」の声も聞かずに、振り返らずにいきがちなので。そういった、立ち止まって自分がこれまで編んできた自分史というか「物語」を再点検したり、自分の痛めつけてきた「からだ」の声にもう一度、耳を傾けてみる。

結局のところ「物語」の羅針盤は「からだ」からきていますので、一回ちょっと耳をすませて、そこに立ち止まる。「物語」を書くペンを「からだ」にバトンタッチする感じ……執筆を「からだ」に任せるわけですね。二元論的な言い方をするなら観念みたいなもので「物語」を書いていたのを、いったんペンを観念から「からだ」に渡して、「ちょっと代わりに書いてくれない？」という感じ。私が当事者研究と呼んできたものは、まさにそういった作業なわけです。

ただ、一人で書くことには限界があって、いろいろな人と対話し、物語の素材になるようなさまざまなコミュニケーションを通じて、共同的に成し遂げていく。そういうこととして理解していくなら、今回のメッセージは、私が当事者研究というものに希望を感じている理由とすごく近しい。

今中　私がインハウスデザイナーだったころは、「物語」に章立てなんて無いと思っていました。「はじめ」から「おわり」まで見出しも節も項もない。ずっとそんな「物語」が続くものだと思っていましたが、三〇代半ばに膝に膿が溜まって高熱が二週間も続いて、はじめて障がい者である私を受容できました。

それまで障がいと向き合うことは、これっぽっちもなかったんです。障がいのある友達も周囲にいたでしょうが見ようともしなかった。自分の身体の歪みも怖くて直視できない。そんな私が痛みによって「はっ」と気づいたわけです。私は、どういう姿形で生まれてきたのかがようやく理解できた。同時に大きな企業の歯車として働くことが私のお役目なのか、それは私でなくてもいいのではないか。そんな迷いも生じました。

プライベートも仕事もふんづまり状態だったので、会社を一年間休職し海外をぶらぶらしました。そんな時にパリやスイスで出会ったのが、アカデミックな教育を受けていない人の作品でした。中には精神障がいのある人の作品もありました。頭をガツンと殴られたような衝撃でしたね。嘔吐するぐらい驚愕したわけです。幼少時代から私は教育や常識の中でしか生きてこなかった。すべてが予定調和的に思えて喜びも感じなくなっていました。きっとそれを教育の毒と呼ぶのでしょうね。話半ばで落とし所が見えてしまうような錯覚さえありました。しかし、教育の毒に侵されていない作品は違う。それが「アトリエ　インカーブ」にたどり着くわけです。当たり前ですが、彼らが作り出すものは、私には作り出せない。そしてアーティストたちは、籠る人が多いんです。自分の世界観をもっていて、彼らの領域に踏み込もうとする人をシャットアウトしがち。そういう「壁」の立て方、できあがった作品の魅力、彼らの生き様みたいなところに、私は憧れたんです。そのきっかけは「からだ」の痛みを通じて、「物語」に章立てがあるのを知ったことが大きかった。

熊谷　連続的な「物語」に入る切れ目、つまり見出しや章って、振り返らざるを得ない節目、つまりは「傷」なんですよね。日常性というのは特に「物語」がないので、そこには「壁」なり「傷」なりがあってはじめて「物語」が駆動される。予測可能で、痛みも傷もないというのは「物語」がないってことと同義ですから。

傷に意味を与えてみる

今中　私は障がいのある人を三〇代半ばまでほとんど寄せ付けなかったわけです。私と同じような傷をもった当事者と対話することもなかったし、彼らと共通理解が得られるなんて考えたこともありませんでした。当然、当事者研究の存在すら知りません。

一方で、私の傷を癒してくれたのは宗教でした。特に私は仏教に救われた経験があって、もし出会わなければ二〇年近くインカーブは継続できなかったでしょう。こうして熊谷さんとお話をする機会も得られなかったと思います。

ところで、熊谷さんにお尋ねしたいことがあります。傷を負った人の中には、当事者研究のことも知らない、宗教や哲学にも明るくない、そういう人がたくさんおられると思います。彼らは何を手立てに、気持ちを立て直していくのか、リストカットしなくてすむのか、自死に至らずにすむのか……。

熊谷　そうですね……傷といえば、みんな傷だらけなわけです。私の理解ですけれども、赤ちゃんとして生まれてから今に至るまで、日々小さい傷はみんな負っています。今中さんが三〇代で経験されたことや、私が三〇代で経験したことのように、大きな傷というのは人生に何回かしかないですけど、自分の物語をくじくような出来事というのは、小さいものはたくさんあるわけです。挨拶したのに返ってこなかったとかね（笑）。

ただほとんどの傷は不思議なことにそれほど痛まない。では、なぜ痛まない傷と痛む傷があるのか。小さい傷と呼べてしまうのはなぜなのか。そこが当事者研究のテーマとしては面白いわけです。その違いを考えた時――これは宗教と関係してくるかもしれないですけど――「私」個人で見るとその傷は一回だけしか起こらなかったことなのですが、これまで長い年月の間、「私」以外にも膨大な人間たちが生まれてきては死んでいる。そして知らないだけで、けっこう同じような傷を繰り返しているわけです。つまり「あるある」というのでしょうか（笑）。私の人生しか知らなければ一回しか起きなかったことでも、人類全体に目を向けると何千回も繰り返してきたパターンの一種だったことを知るわけですね。

今中　無数の「あるある」話は、無数の因縁によって在り得ているものですね。それを仏教における「縁起」と解してもいいように思います。私たちの「あるある」話も因縁によって存在するのであって、それがなければ存在しない。「あるある」話が先に存在しているのではなく、無数の因縁で成立しているわけだから、中には意地悪な話もあればその逆もあって、人間社会が進展し変化すればその分だけ「あるある」話も増えていきます。

熊谷　自分の傷が、そのパターンの一種に過ぎないという認識が傷を癒すわけです。自分の経験に意味を発見する時に痛みがとれる。そういうことを私は考えているのですけど、意味を発見するということは多くの場合、反復構造の一例としてみなせることなんですね。例えば目の前にいる小動物に「犬」という意味を発見するには、それがカテゴリーを形成していて、そのカテゴリーの一例として目の前の小動物に意味を付与してあげる必要がある。それと同じで、傷の経験も意味を付与する時には、人類の中で何回も繰り返されてきた傷のシナリオの一例で、それが人類とつながっている何か、普遍とつながっている何かなのだということを自分に認識させる必要があるわけです。

もちろんそれは固有でもあります。目の前の小動物は「犬」という言葉に還元できないポチやタロといった固有性ももっているのですが、固有性が析出することと、普遍性がそこから抽出されることが同時に起きて、それによって意味が与えられた時に痛みが癒える。普遍抽出と固有析出のプロセスは別に当事者研究に限りませんし、宗教という方法もそうですし、科学という方法も同じだと思います。

これは自助グループにも言えることですよね。似たような傷を経験した人同士で集まると、一人で抱えていた時には、もう世界中誰も経験したことのない悲劇を自分が経験していると思いがちですけれど、集まってみると案外繰り返されているということに気づいて、それで癒えていくということがしばしば起きます。痛まない傷は、反復構造の中に位置付けられた傷ということなのだと思います。

今中　なるほど。インカーブのアーティストの中には、二〇年ぐらいお付き合いのある人もいます。当然、彼らのお母さんとも出会ってから二〇年近く経つわけです。若いころのお母さんは、エネルギーがみなぎっていました。自分の子どもの障がいを本気で治したいし、親子が共に努力すればなんとかなると思っている。塾に通わせつつ、空いた時間は水泳で体力づくり。あれもさせたい、これもさせたい。そして、それなりに良い成果を子どもに要求する。ただ、お母さんが高齢化してくると、いい意味で諦めがついてくるんです。そこではじめてアーティストたちは自立していく。お母さんが手を出せば出すほど、彼らは気をつかって自己主張を控えがちです。これまで、注いでくれた愛に報いたいという思いもある。でも、お母さんが高齢になると、自分の「からだ」のことで精一杯になってきて彼らに投入するエネルギーが減ってくるんです。するとアーティストたちの絵が変わってくる。平たくいうと絵が自由になる。お母さんの顔色を見なくて済むわけです。

熊谷　いいですね。いい話です。

今中　お母さんは、それはそれで仕方がないと思うんでしょうね。自分の「からだ」の痛みが彼らとの関係を調整しだすんです。そして動けなくなった「からだ」に納得していく。長く双子のようにつながってきた関係が解消され彼らは自由を手に入れるという「物語」ですが、一方で子どもがいる親としての私は切なく寂しい……熊谷さんのお話を伺っていてそう思いました。

熊谷　私も同感です。自分の親との関係を思い出すと、まったく同じ経緯を辿っている。親が元気だったころは、とにかく親から逃げなきゃいけないと思っていました(笑)。余剰エネルギーがすごいわけです。自分の面倒をみるだけじゃエネルギーが余っちゃって余っちゃって。それで結局、子どもに対して余計に世話を焼く、つまり干渉するという形で子どもの「物語」を占領してしまうんですね。親が作った「物語」に、子どもの「からだ」が巻き込まれていくような感じというのでしょうか。ジャックされるような感覚があって、これではとてもじゃないけど私の唯一無二性というか、固有の「物語」を紡ぐどころじゃないという状況になる。そしてそれは、私の「からだ」を大なり小なり否定するものでもあるわけですよね。
　特に私の場合はリハビリという「物語」を親が強固にもっていました。そのシナリオは簡単にいえば「からだ」の否定ですので、それに巻き込まれているともう……その痛みは簡単には取れない状況なんです。だからまずは逃げないといけない、と思いました。しかし恵みだったのは親自身が老いてきたところで立ち止まりはじめ、自分の「物語」に自信をなくしはじめた。もしかしたら悪いことをしていたのかもと、と気づきはじめた時に、やっと対等な人間になったような感覚がありました。和解じゃないですけど、親子というよりは人間同士という感じに近づいてきた。今もまだ油断できないんですけども（笑）。

当事者研究のスローガンの中に「一人ひとりで、共に」という言葉があるんです。現象学者のフッサールという人が別様な文脈で言った言葉らしいのですけど、「一人ひとり」は「壁を作りましょう」という意味で、「共に」という言葉はそれと矛盾するようですけど、「壁に籠っている人同士でやりとりをしましょう」という、そういう両価的なメッセージです。そういう意味では親子関係も「一人ひとりで、共に」といった感じになってきたかな、と。

「一本の太い糸」をたぐりよせる

今中　異なる価値観をもつ人々が共に生きるには、個々に壁を立てながらもつながっていく態度が必要ですね。壁に籠りながらも、つながりをもつ。「一人ひとりで、共に」には深く同感します。ところで、以前、熊谷さんが何かのインタビューで、先輩から「二四時間介護には三〇人の介護する人、ケアする人が必要です」と言われたとおっしゃっていましたよね。一人が遅刻しても暴力をふるっても、残りの二九人がいればその場を凌げる。数が勝負を分けるのだと。

私は、違った形で人に依存してきました。私には六歳ごろまで育ててもらったおばあちゃんがいます。すでにお空に還っているんですが、そのおばあちゃんが今でも私の隣にいるような気がするんです。私はおばあちゃんに、底抜けに愛された。五〇年近く前の話ですが、いまだに毎日のように彼女が現れて、私をサポートしてくれる。ある意味とても排他的で支配をされている状況なんですけど、私はそれを心地よく感じています。

一方で、熊谷さんは三〇人という数で勝負をして、一本が切れても、もう一本があるというお考えがある。私は一本の太い糸に依存して人生を歩んできたわけですが、それについてどのように思われますか？　私はいまだに一本しかなくて（笑）。

熊谷　いや、そんなことはないと思いますし、矛盾してないんじゃないかなと思います。私がすごく尊敬している当事者研究の一つにAA（アルコール依存症の自助グループ）の活動があります。例えば、幼少期に虐待を経験した人たちが、「結局、身近な人は裏切る」という学習の結果、他人には依存できなくなる。辱めたり叩いたりする他人に依存するのではなく、他人に頼らなくてもすむぐらい自分の能力を高めたり、見た目を怖く、または美しくしたり、腕力を強くしなくてはいけないという、いわば「自分依存状態」が依存症の本体で、「依存症」とは実は身近な他人に「依存できない病気」なんだということを教わったんです。だから依存先をだんだん広げていくプロセスというのが依存症からの回復なわけですが、同時に私があっけらかんと「三〇人、四〇人に広げるべきだ」と言うと、それはやっぱり違和感があると依存症の仲間に言われる。

なぜかというと、結局それは、それこそ絶対的な太い愛情を存分に供給されてきた人のセリフに聞こえると言われたわけです。それはほんとにそうだなと思いました。一八歳の時に、親元を逃げるように離れて一人暮らしをするというのは、よく考えたらすごくリスクの高い決断だったと思うのですけど、わりとドキドキせずに『十五少年漂流記』のような感覚でエキサイティングなこととして楽しみながら社会に出ることができたんです。それは、どこかで太い依存先を経験してきたおかげで、楽観主義といいますか。人は案外いい人が多くて、社会というのは案外やさしいものかもしれないという、暗黙の信頼感を育んでもらえたからだろうな、と思います。親の愛はひどい反抗をしても揺るがないだろうと。そういうふうな確信もあるから反抗もできたと気づかされた。

中今 私は、弱いままでも対等に、できる限り尊厳ある暮らしを作るために、関係する人も事柄も制限してきたように思います。根っから小さな集団が好きなのかもしれません。例えばおばあちゃんと私、インカーブと私、家族と私、宗教と私のような排他的なつながりで暮らしてきました。そもそも私は、相互依存できる関係が多く成立できるとは思えないんです。無理をしてその関係を増やそうとすると苦悩の数が増えることも経験してきました。とどのつまりその苦悩は私の欲望なんですね。

コロナ禍をどうやりすごすかをツイートしたり、ディベートしたりする時間があるなら、私はインカーブのアーティストのことやスタッフ、家族のことを考えたい。「壁」の中にいる小さな集団を守ることを考えたほうがいいと思っています。目先のことだけじゃなくて周りのことも考えなきゃダメだと言われそうですが、私はコロナ禍前よりも、「壁」の中に執着することが大切だと思うのです。

熊谷　虐待をする親の向こう側に、無慈悲で無関心な社会を見つめ続け、とてもじゃないけど依存先なんて広げられない状況に置かれてきたという依存症の仲間の話を聞くにつけて、結局、自分も太い依存先があったおかげで依存先を広げられたんだという、そこにも逆説があったと感じたんです。

ＡＡには、「ハイヤーパワー」と呼ばれる、宗教的コノテーションが入った超越的な存在が想定されていますが、最近はイスラム圏でもＡＡは広まっており、特定の宗教と結びついたものではありません。要は人智を超えた絶対的な依存先を一つ想定した上で、それを足場として、薄く広く依存先を広げる練習をするという、そういう工夫をしているような気がするんですよね。

今中　ＡＡではハイヤーパワーの存在が肝ですよね。絶対的な存在がいて、そこに身も心も預けていい。コロナ禍で世界全体が揺らいでいる時だからこそ、普遍的な思想を持つことや目に見えないものを信じることが大切だと思います。

私にはじめて仏教を授けてくれた僧侶は、「宗教を学ぶには、まず、仏様を信じることです」とおっしゃった。まずは仏様を信じられるか信じられないか。今はその意味がとてもよくわかります。ただ、親鸞は信じることは難信だと言っています。念仏を唱えることはできても信じることはとても難しいし無理かもしれないと告白するわけですが、とにかくＡＡではハイヤーパワーというものを、まず信じる努力をする。それがなければＡＡのストーリーは成り立たない。

熊谷　ほんとにそうだと思います。

今中　私たちは、道徳観に近い「心のバリアフリー」を手に入れることができるのでしょうか？　目に見えないハイヤーパワーなんて理解できないし、信じるなんてありえない。数値で示されたエビデンスがすべて。現代に生きる私たちは大半がそのような考えをもっているように思います。

熊谷　やはり「知る」ということと「信じる」ということのギャップが、こういったコロナ禍では顕在化しますよね。福島第一原発の事故の直後も、いろいろな科学者がいろいろな知識を出してくるわけですが、ほとんどの市民はどれも信じられない宙吊りの状況に置かれるわけです。どれも信じられないけど、知識がたくさんディスプレイされた時に、正解はないんだとなる。そして同時に、何か信じたいという気持ちもむくむくと湧いてくるわけです。

やはり平時というのは「知識」に対してすごくナイーブな形で信じてきたわけですよね。日本人は信心がない、宗教心がないと言われがちだけどそれは間違いで、平時を生きていた私たちは無自覚に特定の知識を信じていた。しかし、有事にその信仰が崩れると、こんなにも脆く、あたふたしてしまうのかと愕然とします。

そういう意味ではあらゆる人間は、「知る」ということだけではなく、「信じる」ということが土台となって、ようやく生きていけるわけです。広い意味での信仰、特定の知識に対する信仰というものが、酸素と同じように私たちが日々を暮らす上で必要になってくるということは間違いないと思います。

今の時代、少なくとも平時においては、昔に比べて信じるに足る知識が増え、無意識のうちに信仰を享受できるようになったからこそ、日本人はことさら宗教を必要としなくなったのだと思います。しかし、虐待などを経験した人たちの中には、今のような世の中でも日々が戦場で、一寸先は闇で、毎日がコロナ禍のような状況で幼少期から過ごしてきた人たちがいる。そういう人たちはどうすればいいのか……人間ではないものにいったん信仰を預ける必要があるかもしれません。そしてその一点に向かう信仰を起点に、また徐々に俗世の分散された信頼に戻ってくるというプロセスを踏まないと、次に踏み出せないと思います。

ある海外の方に「日本は無宗教の人が多い」と言ったら「よく生きていけるね」って真顔で言われました（笑）。電気ガス水道が通ってないみたいな顔で、そういうふうに言われたのが印象的だった。やっぱり日本人は何か特定の宗派ではない信仰（例えば「知識」）に浸れているんだと思います。

「脆弱性原則」を守るということ

今中　今回のコロナ禍で、大きく意識が変わったのが働き方ですね。とりわけ「エッセンシャルワーカー」といわれる人とそれ以外の人の間に、今までとは違う分断の壁ができたように感じます。

熊谷　そうですね。分業が進んでいる結果、職業的な差別も生じますし、いろいろな線の引き方で「壁」ができているような気がします。そういう時に重要なのは、今の国際社会のように「壁を立てて協調しない」のではなくて、「壁を立てた上で協調する」にはどうしたらいいのかを考えることです。それこそ「一人ひとりで、共に」の世界なのです。そういう時にはやはり共通の原理原則みたいなものがどれぐらい共有されるかということが重要だと思っています。共通原則に合意を取り付けるのは困難であることを承知で言うなら、英語でいうとvulnerability《ヴァルネラビリティ》ですかね、日本語でいうと脆弱性《ぜいじやくせい》原則。有限な資源の分配先としてもっとも脆弱な人を優先して分配すべきだという原則が共有できればと考えています。

今中　いわゆる必要原則ですね。

熊谷　そうですね。資源がなくても何とかなる人たちじゃなくて、資源があることで救われる人たちに分配していくことが感染症対策の原理原則です。それは逆差別ではない。私たちがなぜ重症化した人に入院をすすめて、軽症な人には医療的資源の少ない在宅や別の住まいに行っていただくかといったら、重症な人のほうが脆弱だからという原則があるからです。

重症な人のほうに集中的に医療資源を投資することについてはみなさん「そうだそうだ」とわかってくれるのに、障がいを持っている人に優先的に投資するべきだと言った瞬間に「え？　そうなの？」となるわけです。そこに、脆弱性原則ではなく、優生思想という別の基準が入ってくるわけですね。命に序列をつけるようなロジックが入ってきているから、重症な人と言ったらオッケーだけど、障がい者と言ったらダメって言われる。そのあたり、共通の原理原則が十分に行き渡っていない。その背景には差別というものがいまだに影響を及ぼしているのかなと思います。

今中　私が福祉の現場にいて感じるのは、社会保障を享受することにとても強い抵抗をもつ人が増えたことです。彼らが社会保障や社会福祉に対するハードルを下げてくれたら、救える命はたくさんあるはずなんです。これからはコロナ禍に背中を押され、ヴァルネラブルになる人たちがもっと増えていく。ネットカフェさえ使えない人が出てくるでしょう。そうした時にソーシャルワークの専門職は、その表現や伝え方を再考したほうがいい。語弊があるかもしれませんが、コロナ禍によって誰もが弱者であり、こぼれる可能性を孕んでいるということ、社会保障や社会福祉は私たち全員の資源だということを理解しあう百年に一度の機会です。

熊谷　そうですね。

今中　社会福祉や障がい者というと、それだけで壁が立てられる。社会福祉を享受するのは私たちの権利ですよと言っても「いやいや、ご近所の方に笑われる」とか「ご先祖さまに申し訳ない……」と言っているうちに「からだ」の機能が落ちていく。自らコミュニティを切って孤立する人も多いんです。

熊谷　ほんとに困難が普遍化してしまった感じですよね。右にいくのか左にいくのか岐路に立たされているというか。こういう困難が普遍化してしまった時は二択のような感じになって、より自分より困難な人を排除して自分は助かろうという方向にいくのか、それともみんな程度の差こそあれ困難を共有しているということに注意を向けて、共通の原理原則を確認して連帯していくほうにいくのか。ほんとうに岐路に立たされていると感じますね。

今中　今回のコロナ禍は、強者も弱者も関係なく襲いました。私にとってははじめての経験です。そして未知の疫病という予想のつかない怖さの中に放り出されてしまいました。でも一方で、「災害ユートピア」も出現しているはずです。先ほどお話に出た「ポスト・トラウマティック・グロース」ですね。阪神・淡路大震災や東日本大震災の時、家や家族を失った何十万という被災者たちがプライバシーもない避難生活を余儀なくされました。そんな中で、食べ物を分けあったりして支え合う日常が生まれた。強者も弱者も関係ない共同体を災害ユートピアと呼ぶようになったのです。ただ、その連帯が続かないのも世の常。強者は避難所から出て行って新たな生活に入る。弱者は避難所に残されるわけです。そして災害ユートピアは消えていくのですが、そこで経験した支え合いは心に刻まれ、如何ともしがたい苦悩に向き合った時の助けになる。

熊谷　急速にいろいろな言葉が通じるようになった部分もありますよね。スティグマという言葉も、これまでは他人《ひと》ごととして考えていた人たちが、丁寧に扱うようになったり。

今中　一方で、小さな災害ユートピアは確実に生まれています。インカーブと同じ障がい者の生活介護事業所をされている方から「まだ、うちの地域はコロナの感染者が少ないから、消毒液を送らせていただきます。使ってください」というお手紙を添えて送っていただいたんです。まさしく災害ユートピアでした。

熊谷　びっくりするような認識の広がりも一方でありますよね。

差別はなくなりますか？

今中　身も蓋もない話ですが、私は、スティグマはなくならないと思っています。スティグマは、特定の属性をもっている人にネガティブなレッテルを貼る行為です。生きがいを奪ったり、自尊心を傷つけたりするだけではなく、命に関わる健康被害を生じさせることもある重大な犯罪です。いくら「心のバリアフリー」と言ったところで、仏教が始まった二六〇〇年前からスティグマの一部である差別はあったわけです。そもそも仏教は差別の温床であるカースト制度の駆逐を図ったがうまくいかなかった。ならば個々に守りを強化するしかないわけです。スティグマを貼られそうになったら個々に鎧をまとい心と身体を守らなければならない。個々の鎧が集まって集団の鎧となっていく。それが私の「壁」のイメージでもあります。壁の中で敵の槍の投げ疲れを待つというのも一つの方策です。壁の中でスティグマを貼られた仲間の「あるある」話を共有して精神的なケアを行うことも必要。中にはスティグマを貼り付けた集団に戦いを挑む人も現れるでしょう。ただ、敵はマジョリティの中にも、残念ですが同じような境遇のマイノリティの中にも潜んでいます。彼らは手を替え品を替えスティグマを貼ってくる。

とはいえ、スティグマはなくならないと思いつつも一矢報いたい気持ちもあります。福祉イベントで、車椅子利用者の気持ちになってみよう的な擬似体験では「車椅子って、ほんま、たいへんやわ」が関の山。公的なスティグマを減らすには政治を変え、法律を変える必要もあるでしょう。さらに、私的なスティグマを減らすには学校教育を変えることも大切です。大人になってから差別はダメだといっても心に染みません。すでに遅いんです。子どものころから、熊谷さんが研究されている当事者の語りに触れていく機会が必要だと思います。スティグマという槍の穂先を砕くには何が必要だと思われますか？

熊谷　お話伺っていて、私の職場のことを思い出し、ああそうだなと思ったことがありました。私の職場は小さくて、一〇人前後なのですが、そこを運営するだけでも、今回のコロナに対して怯え方に個人差があるわけですね。要は「壁」を作る厚さに個人差がある。すごく自分を守らなきゃと思う方と、そんなに守らなくても大丈夫じゃないという方と、今年の四月上旬ごろの時点ではすごく分かれた。その時に、こういう時はすごく同調圧力が働きやすいなと思ったんです。例えば一〇人いて一人だけ怯えているような状況の時に、みんなで一緒に仕事しなければいけないイベント事があり、その時にやはり「なんで来ないの？」と思いがちなんです。

でも先ほどの話もそうなのですけど、脆弱性は個人差があるので、最終的には自分で自分のことを理解して、どんなに同調圧力が働いている時でも「私は行きません」と言うことは実はすごく大事なことで、それで白い目を向けられたとしても、最終的には自分で自分を守るということをみなさん選択すべきなのですね。そしてそういう選択が許容されるチームにしなければいけない。各々いろいろな背景があって、いろいろな経験や身体のコンディションがあって決断しているわけです。別様の対策が許容され、各々の壁や鎧を尊重することが実は、差別解消の肝なんですよね。そこで同調圧力を働かせ、「鎧脱げよ」と言っちゃったほうが、差別が深刻になるような気がするんです。

今中　個々の「タフさ」というものがある程度になることも事実です。ただ、ずっとタフである必要はありません。手を抜けばいいんです。野球の試合でいえば、ピッチャーが対戦相手を抑えるために真剣に投げないといけないのは一回と五回と九回です。一回はその試合を有利に進めるために、五回は自らの勝ち星を稼ぐために、九回は次の試合で対戦する時に「このピッチャーは打てない」と諦めさせるために。逆にいえば一回、五回、九回以外はタフじゃなくてもいいし、手を抜いたらいい。要はメリハリです。

タフさ以上に大切だと思うのは「ラフさ」ですね。極度の同調圧力をかけて一つの枠に入ることを強要するのではなく、ラフに考えてみてはどうでしょう。当然、私たちは性格も生育歴もすべて違います。身体の痛みも心の痛みも違う者たちが、一つの仕事を共に作り上げていくって本当に難しいことなんです。うまくいくはずなんて考えたら大間違い（笑）。でも、うまくいくはずのない関係で納得のいく仕事をすることが働くことの醍醐味ですね。そこが見せ場です。長くトライアンドエラーをした結果、ラフな人間が集団には必要で、軸にもなるという結論にいたりました。そのほうが風通しもよくて機動力もある。あまりにもガチガチで、こうあらねばならないとやっていくと、足並みが崩れていくんです。ただ、同調圧力がまったくない集団というのも考えにくいし、適度な圧力やストレスがなければ個々も集団も持続力という筋力がつきません。かといって圧力をかけすぎると仕事のクオリティが落ちてしまう。塩梅の問題ですね。

熊谷　ちょっと前に国連の事務総長が、障がいを持った人の新型コロナウイルス対策でレポートを出していたのですけど、そこには、「脆弱な状況に置かれがちな障がいをもった人が優先されることで平等な対策がとられている」ということが明記されたわけです。そしてさらに、「これは一つのテストだ。私たちのコミュニティがどれだけアジャイルになったかの試金石だ」と書いてあったんです。

アジャイルとは、組織論とかで最近よく登場する言葉ですが、先ほど今中さんは「ラフ」とおっしゃったけど、ガチガチのトップダウンではなくて、現場で起きていることを速やかにすくい上げて、機動性高く組織を動かしていくということなんですね。上から下だけじゃなくて、下から上にも活発に情報が上がってきて、リーダーはある意味ではラフで謙虚で、機敏にそれに対応していくような、そういう組織のことを「アジャイルな組織」という言い方をする。それは強権的なリーダーではなくて、情報をかなりインプットしてフットワークの軽いリーダーが運営する組織という感じなのですが、アジャイルは、いまや感染症対策に限らず、すべての組織の良さを測る言葉になっていて、全方位のステークホルダーが納得する決め台詞的なところがあるんです（笑）。そういう意味で先ほどの「ラフさ」という言葉に象徴される人たちから成る組織というのが、どれぐらい組織として成熟しているのかを試されているという見方には、なるほどなと思いました。

アジャイルな組織で痛みをシェアする

中今　インカーブはあえて非常勤スタッフを少なくしています。常勤スタッフをたくさん抱えることは経営的に苦しいですが、より永く一緒に仕事ができるスタッフをベースに置きたいと思っています。アジャイルを実践するためには「あうんの呼吸」が必要ですね。互いの微妙な気持ちを慮り、それを一致させる神業は一朝一夕にできるものではありません。有機的な組織は、ドライな感覚だけではなくウエットでジメジメした面倒臭さも抱え込む必要があります。

話がまた戻るんですが、熊谷さんの三〇人の介護者はずっと同じではなく、どうしても入れ替わりがあるわけですよね。そういう人たちと「あうんの呼吸」を作ることは難しいように想像します。また、呼吸が合わなかった時のリスクも高いように思うのですが、いかがですか？

熊谷　高いです。そこが多分いちばん難問なのです。障がいに関する経済学を研究している松井彰彦さんと話していた時に「結局、熊谷さんが言いたいことは独占禁止だよね」と的確におっしゃった。独占や寡占を禁止するという、それはまさにマーケット、市場が目指してきたことですよね。依存先をどこかに集中させないということが健全なマーケットの条件でもあるので、結局はすべての人にとって依存先を広げましょうという主張はすべての人を包摂するマーケット、独占されないマーケットを考えましょうというような、インクルーシブ・マーケットの議論だというふうに、非常に的確に翻訳されました。

今、その方向で研究をスタートさせようと話をしていますが、同時に、そこで抜け落ちているものも明確になったのです。つまり市場化によって何が失われるのかですよね。おっしゃったような「あうんの呼吸」とか、アジャイルな組織というのは、言い方が難しいのですけど、一つの有機体みたいな、機械的なイメージではなく組織全体が一つの生き物のように成熟するということが重要だと言われている。するとどうしてもマーケットのように切り売りする感覚――自分の労働力や専門性を、「この範囲はやるけどそれ以外は絶対やりません」みたいな感じで、労働力を販売するようなイメージ――ではなくて。「ちょっとそれ、私の仕事じゃないけどやるよ」ということがたくさんないといけないわけです。

ある時は誰がリーダーかわからなくなるような感じだってあるわけですよね。アメーバ状の組織と呼ばれることもあるのですけど、「このイシューが起きてる時には、頭はこの人だ」というふうに、その時々に一番対処に詳しくて、一番情報をとれる人が柔軟にリーダーになれるといいんです。そういう組織がアジャイルな組織で、よほど普段から公私混同してやりとりしておかないと難しい。

そういうことはマーケットとか依存先の分散という発想では、ちょっと抜け落ちているところですよね。私はやはり、今のところ両軸で考えなきゃいけないなと思っています。アジャイルな組織をどう実現していくのかという研究と、どうマーケットを普遍化していくのかという研究の両軸です。多分どちらかだけでは足りない。やっぱりマーケットはとても助かるということがあって、気兼ねなく取り替え引き替えできますと（笑）。やっぱりそれは命綱です。

今中　以前、松井さんと講演をご一緒したことがあるのですが、その時に「市場の匿名性」というお話を伺いました。「お金は誰がもっていても、お金はお金、価値は同じである」と。つまり市場には匿名性が担保されていて、それが「市場のルール」だという。私は、市場の匿名性とそのルールに納得したわけです。ただ、匿名化された人に包囲された私は、その人たちを信じることができるのか、喜びを感じるのか……。

匿名化された人を取り替え引き替えやっていく。その市場のルールは、確かに平等感を生むと思います。お金はお金だから、色はついていないというのも理解できる。ただ、お金を媒介にしながら市場にはお互いの感情を絡ませる楽しみもあるわけです。スーパーでお買い物するより、地元の商店街のほうがずっと楽しい。お買い物はそっちのけで、お店の大将とお互いの家族の話をすることもままあったり。『道徳感情論』を書いたアダム・スミスは、経済学に「共感」をもちこみましたね。共感とは「相手の立場に立ってものを見る」ことです。二〇世紀になると、経済学はいったん「モノの消費」に舵をきったけど、現代の経済学はそもそも「人間関係をどう科学するか」という原点に回帰しているようにも思います。介護と同じでドライな市場を受け入れつつ、ウエットな関係をどう結んでいくのかが問われていますね。緩やかな依存先をたくさんもつのか、強固な依存先を少なくもつのかの二者択一ではなく、相互が補完していくイメージでしょうか。

熊谷　私は平時と有事でも違うと思います。対人支援の現場は二四時間有事だから、特にそういったアジャイルな対応が欠かせない。ひと昔前の産業構造には平時というものが存在しており、効率性の最大化が計算できた。その結果、どんどん仕事というものが匿名化していて、非常勤になったり、あるいはジョブ型というんでしょうかね、「私の職務はこの範囲であってそれ以上のことはやりません」というジョブディスクリプションが書かれて、「その範囲だけそつなくやります」というふうな形で労働が編成されていった。しかし今はみんな有事なので、企業もアジャイルや固有名性に目を向けつつあるのかもしれません。

もともと日本はメンバーシップ型といわれて、情緒的なものを重んじて非効率だということを言われてきたのですけど、果たしてこのような有事の時に、どちらがよかったのかということがわからなくなっています。ジョブ型という仕事のスタイルがもつ最適化と合理化だけで組み立てていった先にある組織としての脆弱性があらわになっているような気がしていて……。私も田舎の出身なので、ウエットなコミュニティにどっぷりひたっていた時期の息苦しさも知っているから、情緒的なつながり一〇〇パーセントになるとしんどいという思いと、でも市場化されて商品化されることによる信じられなさもある。先ほどお話しした、太い依存先があってこそ分散できた話と近いかもしれないけど、アジャイルとインクルーシブ・マーケットは、矛盾というよりは相互補完的というか、両方が前提条件になっているような気がしますね。

中今　有事が平時になった今だからこそ、まずは同じ壁の中で暮らす集団を守ることが大切です。非常勤スタッフも、ジョブ型の仕事で関わった人も、ご縁があった以上、同じ壁の中の住人です。一人で痛みを背負うのではなく、壁の中で痛みをシェアしたらいいのです。そして、傷が癒えて、壁を壊したかったら壊せばいいし、乗り越えて違った壁を立てたければ立てればいい。きっとそれができるのも壁の中の住人と太い糸で結ばれていたという記憶があるからだと思います。熊谷さんが引いてくださったフッサールの「一人ひとりで、共に」は、一人ひとりで壁を作りつつも、壁に籠っている人と共にいるという本書のメッセージとも重なります。誰一人同じ価値観をもつ人はいません。それでも共に生きる。「一人ひとりで、共に」は、これからの共生社会の原理ではないでしょうか。本書のタイトルにしたいぐらいです（笑）。熊谷さん、長時間ありがとうございました。

第六章　壁をコントロールしてみる

「障壁」が張り巡らされた世界は、多くの人の幸せを実現させ、少数の人が不幸せになることはやむをえないと考えるわけです。

一方で、壁には「防壁」という「私がワタシを守る壁」もあります。

1　自分の手柄だと思い込む

本書で扱ってきた大半の「バリア」は、「障壁」ではなく「防壁」と言われるものです。ＳＦ映画でいうなら、地球軍からの攻撃を受けたエイリアンが自らの身を守るために張るバリアが防壁です。その壁の中にいれば、傷つくことはないし、エネルギーを蓄えることもできます。ただ、バリアを張っている限り、エイリアンから地球軍に攻撃はできません。攻撃するためにはバリアを解除する必要があります。その時が地球軍の攻めどころ。バリアが解除された時に総攻撃をして、エイリアンをやっつける、というのがこの手の映画の落としどころです。

日常、私たちが意識しているバリアは障壁です。「バリアフリー」という表現は、ほとんど障壁の意味でしか用いられていませんが、私は防壁というバリアも重要だと思っています。

防壁をコントロールする上でまず思いつくのは、臨床心理学で研究されている「防衛機制」ではないでしょうか。防衛機制を一言でいえば「本能的な欲求や衝動から自分を護ること」。ジレンマやストレス、不安などで自分の心が破壊されないように自分を守ろうとして無意識に働く心の仕組みで、「私がワタシを守る」行為の一つです。

代表的な防衛機制は、一〇個ほどありますが、なかでも防壁のコントロールに役立つのは、「取り入れ」です。欲求不満に対して別のことに打ち込むことへと置き換える「昇華《しょうか》」や、劣等感を自分の得意分野で補う「補償」が一見役立ちそうですが、そもそも、このようなポジティブな状態なら、すでに防壁を飛び越えているに違いありません。わざわざコントロールする必要もないでしょう。

「取り入れ」とは、他者の業績を自分のもの、または自分の手柄だと思い込むことです。例えば、会社でブレーンストーミングをしていると想像してみてください。あなたは、なかなかいいアイデアが浮かばず、時間だけが過ぎていく。後輩は下手な鉄砲も数打てば当たる戦法でしゃべりまくる。そうこうしているうちに、唸《うな》るようなアイデアを後輩が出してきた。さて、あなたはどうしますか？　無視する、ケチをつける？

私は、後輩のアイデアに共感し同意するなら、彼のアイデアを「私のアイデア」だと思い込みます。後輩の手柄は私の手柄。身勝手なやり口に思われるかもしれませんが、それが私なりの「取り入れ」です。よって、私は、後輩と同じ責任を負うことになります。責任は負いたくないというなら、手柄を欲しがってはいけません。防壁の高さをコントロールして下げていけば、能力の秀《ひい》でた若者に出会えるかもしれないし、人生を悟ったような先輩に導かれるチャンスがあるかもしれない。あなたが彼らに共感するなら、彼らの才能を取り入れることは可能です。ただし、取り入れられた相手へのリスペクトはお忘れなく。

2　見えない規律

障壁は、大きく「物理的」「文化的」「制度的」「意識的」の四つのカテゴリーに巣を作っています。相互の背景が複雑に絡み合い、巨大なパワーで障壁を作り上げてきました。

絡み合う障壁は、計画的にデザインされ、壁の高さはコントロールされています。なかでも、強者が弱者に罰をあたえるパワーは巨大で、そのコントロールは巧みです。功利主義者のベンサムが考案した収容施設を一望で監視できる「パノプティコン」は、

「規律」で障壁の四つのカテゴリーを見事に融合させた監獄モデルでした。

　パノプティコンには、中央に監視塔があり、その周囲に円状の収容施設が配置されています。監視塔からは、監視のための「光線」が独房に放たれ、囚人からは監視者が見えないシステムです。

　パノプティコンの規律は、囚人の身体をコントロールし、精神を支配することに成功しました。フーコーは、その規律を「ディシプリン」と名付け「いたるところに常時目を光らせ社会全体に隙間も中断もなく及ぶ網目状の仕掛」（『監獄の誕生――監視と処罰』）で、従順で役に立つ個人を作り上げ、身体の細部（動作や姿勢など）に介入させたとしました。

　近代以降の兵士は、力強く勇敢である必要はありません。農民のような素人を規律によって改造し、兵士らしく仕立てればいいのです。規律を遵守《じゅんしゅ》し、命令に反抗しない従順で、健康な身体をもった人間なら兵士の資格はあります。その後、このような軍律は、工場に移植されました。経験や勘による管理ではなく、時間割や作業動作を科学的に判断し、仕事を計画的に遂行させる。従順な個人は序列化され、故障すれば取り替え可能な部品の一部となったのです。

そもそも監視者は規律を作る人間で、障壁の高さを自由にコントロールできる権利をもっています。さらに、パノプティコンで厄介なのは、監視する姿が見えないことです。一方で、囚人は、自分の知力や行動を規律に合わせていかなければならない人間で、監視者からは一挙手一投足が丸わかり。

私たちは、パノプティコンの囚人ではありませんが、見えない障壁に囲まれて生活しているようなものです。従順な兵士に改造された私たちは、一見、自由が保障されているようで、その実、コントロールされています。

障壁は高く強靭です。抵抗しても、歯が立ちそうにない。それが私の実感です。でも、壊す手は残っています。それは、「自分の問題」を「集団の問題」に放り込むことです。集団は自分の拡大であり、他の集団を自分の集団だと感じることができれば障壁を崩せるかもしれない。他者と自分がまざり合わさり、曖昧《あいまい》な関係になってしまえばいい。そうすれば、他者を傷つければ自分が傷を負うことになります。自分を傷つければ他者が涙を流す。そのような関係が障壁への抵抗となるはずです。

3 成長と共生のレール

私が三〇代の後半まで勤めていたデザイン会社が掲げていたテーマは「環境創造」です。それは、多くの人が幸せになる環境を追求することが良い社会である、とする考え方です。前節で紹介したベンサムなら、「環境創造」が叶えば「最大多数の最大幸福」が実現できると言うかもしれません。

現在の日本は、最大多数の最大幸福を「それなり」に実現してきたように思います。でも、この「それなり」が曲者《くせもの》です。きっと、そう感じているのは「まぁ、あんまり不満があるわけやないから、この程度でええんとちがうかな」という最大多数の人でしょう。ただ、多くの人の幸せが少数の人の不幸せによって成立していたら、それは良いことでしょうか？　「多くの人が幸せになる」ということは、「少数の人が不幸せになる」ことはやむをえないという考えになるわけです。それは、多くの人の社会保障と社会福祉は国の責任だけど、少数の人のそれは国の責任ではないと言っているような気がしませんか？

英米を中心とした「最大多数の最大幸福」の考え方で、日本も「それなり」に発展してきました。二〇一九年、消費者庁の調べでは、年間の食品ロス量は六四三万トン。年間一人当たりの食品ロス量と年間一人当たり米の消費量は、同程度の五〇キロ強でした。一方で、子どもの貧困率は七人に一人で高水準をキープしています。日本の「それなり」は、「少数の人が不幸せになる」前提で成り立っていることがわかるでしょう。

政府はこの数年、少数の人を救い上げるために、一億総活躍やソーシャルインクルージョン、ダイバーシティなどの「共生」をコントロールし始めました。「共生」の本当の意味は、多数の人の幸せや便利を追求し過ぎた社会から、「すべての人」の幸福や便利の最大化を図っていくことです。

実は、共生のレールの横にもう一本のレールが走っているのをご存じですか？　それは、AIやロボット、生命科学などのイノベーションを進め、グローバル人材を育成すれば、日本は、今より大きく成長できるというレールです。ただ、今日の日本の問題が、人口減少化社会、高齢化社会だというのは小学生の高学年なら知っています。そもそも、日本が大きく成長できるとは思えない。仮に成長した暁に得た果実は、誰が頬張《ほおば》るのでしょう。きっと、多数の高齢者ではないし、少数の不幸せな人とも思えない。

政府や財界人は、強引に「成長」をコントロールしますが「共生」はそういきません。共生は「共苦」とペアだということをお忘れなく。すべての人と共に苦しむ覚悟がないと共生なんてできっこないのです。まずは、現在、それなりの生活をしている最大多数の人たちに「共苦」を納得させる手立てを考えるべきでしょう。成長と共生のコントロールは別物で、ベクトルは反対方向。その舵取りを見誤らないでください。

4　デザインには非差別化する力がある

車椅子に乗った私は、駅やビルの上下移動が苦手です。階段もエスカレーターも使えません。唯一の移動手段は、エレベーター。ただ、台数が足りず、一般の利用者でいつも満員です。エレベーターに私の車椅子が入ると狭くなるので、他の利用者があまり乗り込むことができません。正当な権利として利用していてもなんとも居心地が悪いものです。ため息や舌打ちをする心ない人と乗りあわせると、その一日が暗たんとした気分になります。車椅子ユーザーにとっては、身体的にも精神的にも移動が困難なシステムなのです。

なぜ、このような不便なデザインが全国に広がったのでしょうか？　それは、少ない車椅子ユーザーが不幸せになってもやむをえないとデザイナーが考えていた、もしくは、何も考えていなかったことが原因です。当然、予算を管理する国や自治体、それ以前に法律の不備があるのですが、水際で異議申し立てをしなかったデザイナーの罪は大きいと思うのです。

デザインを社会性から見れば、常に職業や階級を「差別化」するために使われてきた歴史があります。ファッションから家具、食器、建築物のファサード、インテリアに至るまで、支配階級と被支配階級の違いを形や色で表現し、お互いの出生や立場を精神に植え付けてきました。

こんな偉そうなことを言う私は、「差別化」するデザインが得意でした。企業で空間デザインを生業《なりわい》にしている時、「少ない人が不幸せになる」ことはやむをえないと考えてきた張本人です。少々不便だろうが見せ場のある空間にして、デザインの年間賞を獲りたい。そんな山師《やまし》のような人間でした。「世界のデザイナーの九五%は、世界の一〇%を占めるにすぎない、最も豊かな顧客向けの製品とサービスの開発に全力を注いでいる」（シンシア・スミス著『世界を変えるデザイン――ものづくりには夢がある』）ことは、あながち間違いではないでしょう。

今の私は、デザインが「差別化」をコントロールできるなら、「非差別化」をコントロールできると信じています。そのことに気がついたのは、インカーブを通してソーシャルデザイン（そもそも、デザインはソーシャルなものなので、わざわざ「ソーシャル」と付ける必要はないのですが）を実践してからです。

差別しないことを決めれば「少ない人が不幸せになる」環境を改善できるはず。デカルトは、道徳は人間の良識によって生み出されるものであり、その良識は、この世で最も公平に分配されていると書きます。

私は、デカルトの言説を援用して、デザイナーの仕事は、分配された良識を発見しビジュアル化することだと考えたい。分配に必要なことは、アンビバレントな「公平性と個別性」を適えることです。

5　すべての人を等しく扱う暴力性

お堅くならない程度に「公平性と個別性」について考えてみましょう。まずは、公平性のコントロールから。そもそも、私たちは（大抵の人は）、幸せになりたいと願っています。その幸せは「福祉」に置き換え可能な言葉です。福祉は、自分らしく、人間らしく幸せを追求する権利の基礎で、その努力のことです。福祉の前に社会をつけた「社会福祉」は、幸せを実現するための社会的な対応と言ってもいいし、生活の困りごとを生み出す社会に働きかけ、その変革を促す実践と言ってもいいでしょう。

ここまで書いてきたように社会には、多様な人が絡み合い、その人は、生活の困りごとをもっています。なかでも、インカーブのアーティストのように知的に障がいのある方や、精神や身体に障がいのある方のそれは複雑で、如何ともしがたい問題があります。

では、彼らをケアする福祉のプロは、どのような素養が必要なのでしょうか？　それは、当たり前過ぎますが「気配りができる人」「配慮ができる人」なのです。インクルージョンという英語に「配慮」という言葉を当てた研究者もいます。インクルージョンを達成するためには福祉のプロが必要だということです。

気配りができる福祉のプロの最大の仕事は、「公平性」のコントロールでしょう。それは、福祉のプロだけではなく教育のプロも同じようなもの。大差はありません。最初に彼らが学んだことは、「等しいものを等しく扱う」という「正義」ではないでしょうか。

「正義」には、公平性の原則があります。ただ、その正義が、「本当の正義」だとは限りません。「等しいものを等しく」と「すべての人を等しく扱う」は、同じ態度ですが、少し傲慢な気がします。「すべての人」を「等しく」扱うことは、違いを認めない立場です。その態度には、一点の曇りもないように思いますが、多様な人が絡む以上、それぞれ異なった特性をもつ人々がいるわけです。その違いを認めず、一律に扱うというのはいかがなものでしょう。

「正義」は、公平性を優先させる一方で、マイノリティの声を黙殺すると異議申し立てをしたのはフェミニストでした。さらに、フェミニストたちは「すべての人」のモデルである「普通の市民」は、健常な大人の男性を暗黙のうちに前提にしているとも指摘しました。同様の前提は、スロープの勾配にも現れています。屋内の基準は一二分の一で屋外は一五分の一ですが、車椅子の私には急勾配で上れません。勾配率を決める時に、「普通の市民」を上半身が頑強な、車椅子を自力でこぐことができる大人の男性としたために、このような基準となりました。

違いを認めない立場は、否応なく私たちを納得させます。でも、頑強な大人の男性の想定する公平感は微妙にコントロールが甘い。「等しいものを等しく＝すべての人を等しく扱う」態度だけでは、綻《ほころ》びが出てきます。

6　他者に干渉されない

私は、毎日、知的に障がいのあるアーティストたちと生活をしています。彼らは、他者に干渉されず「作品のテーマや画材」「発表をするかしないか」を決める権利をもっています。スタッフからの指導は一〇〇％ありません。また、アーティスト同士の相性や制作に必要なスペースについても意見が上がります。インカーブでは、彼らが主権者なのですから当たり前と言えば当たり前。制作面では「すべての人を等しく扱う」のではなく「個別性」を尊重することがポイントです。

この考え方は、人間は他者から「独立した主体」「自律的な主体」になることを肯定しているように聞こえます。社会福祉の仕事をしている方からは、「程度の差はあっても、私たちは誰しも、誰かを頼りにしたり、頼りにされたりしながら生きてんねん。それを相互依存というんや」とご忠告が聞こえそうです。

ただ、私は、彼らが「他者に干渉されない」ことに固執してきました。干渉すれば彼らのクリエイティビティが壊れると思ったからです。彼らは、悲しいことに健常者や社会のルールに従うように教育されてきました。きっと、私の「命令」や「指導」には逆らわないでしょう。しかしそんな歪《いびつ》な関係では、アートは生まれません。

そもそも私は、能書き《のうが》が多くて、社会を元気にしたいなんていう横柄《おうへい》な作品もアーティストも嫌いです。反対に作為性を感じにくい作品。それを作れる稀なアーティストが好きなのです。一方で、私のようなデザイナーの仕事は、「他者に干渉される」ことで成立しています。予算や納期、法律、さまざまな利害関係者との調整。一本の線を引くだけでも、すべてに干渉し、影響します。デザインは作為的であるべきだし、意図をもたないデザインはデザインではありません。長年、私はデザインを生業にしてきたから、正反対に近いアートやアーティストへの憧れが増したのでしょう。

インカーブのアーティストなら、作為性のない作品を作れるかもしれないと思いました。その可能性を探るには、「他者に干渉されない」聖域のような環境が必要だったのです。誤解のないように言っておくと、アーティストが「他者に干渉されない」というのは制作面のみで、生活面（例えば、食事やトイレ）では、否が応でも他者からの干渉を受けています。ただ、アーティストの制作に関しては譲れません。私が彼らの制作に干渉すれば、私以上のクリエイターになれないはず。二〇年近く、知的に障がいのあるアーティストと関わってきて、それは間違いのない事実です。

アーティストの制作面での私の対応は、「すべての人を等しく扱う」という公平性に欠けているかもしれません。ただ、だからこそ、「個別性」をコントロールできるとも言えます。アーティスト個々が必要としていることを気づかい、お互いに満足できる関係をコントロールすることは、違いを認めず「すべての人を等しく扱う」綻びを補修する手立てではないでしょうか。

7　一丁前のプロですから

壁を作るためにブロックを積むとします。一個の重さは、約一〇キロ。それを毎日一個積み、一〇年かけて壁が完成しました。あなたの身体には、積んだだけ筋肉がつきます。

吉本隆明《よしもとたかあき》さんは、このようなことを「作用と反作用という法則」と名付けて、私たちが自然に手を加えたら、自然も変化するけど、私たちもそれと同じだけ変化すると話していました。この「法則」は「因果法則」といわれるものです。第三章で詳しく書きましたが、「これをした（因）」から「こうなった（果）」ということです。また、吉本さんは、「同じことを一〇年毎日続けたら一丁前になれます」とも言います。実感としてわかります。ただ、普通は、一〇年を一人で歩み続ける人はいないはず。きっと、壁の積み方を教える親や先生、上司などの同伴者がいます。

村木厚子さん（元厚生労働事務次官）と私の共著『かっこいい福祉』の中で、私は「同じようなタイプの仕事なら三回やればできるようになるというのが、私の持論です。そのような仕事が三年周期でまわってくるとして、九年もあれば一人前。少し余裕を持って一〇年くらい下積みすれば飯は食える」と言い、村木さんは「公務員の仕事は二年周期なので、同じことをずっとするのは難しいけれど、バラバラなことを四つ、五つやったときに、やっと線がつながる瞬間があります。自分がやり残した仕事を他の誰かが仕上げたり、自分が始めたときには馬鹿にされていた仕事が一〇年程経ってから政策になったりすることもよくある」と話します。どうやら、一丁前のプロになるには一〇年が目安のようです。

私が社会人になってからの一〇年は、先輩デザイナーから社会人のマナーとデザインのイロハを教わる下積みの時間でした。野球でいえば、グローブの持ち方、バットの構え方、スタンスの広さ。あらゆる基礎的なことは、彼がトレーニングしてくださいました。なんとか、一丁前になれたのは、同じことを毎日教えてもらったからです。

でも、一〇年を超えたあたりから、彼の指導を受けるのが苦しくなりました。体力的な問題ではなく、精神をコントロールされているみたいで「私はあなたのロボットではありません」というようなことを言って彼のもとを離れました。今では不義理なことをしてしまったと後悔しています。

私は、「同じことを一〇年毎日続けたら一丁前になれます」には続きがあるように思います。一丁前になった後の問題です。知らない者同士でも一〇年も付き合うと、情も移れば、自分の分身にも思えてくる。相手の気持ちなんてお構いなしでパターナリズムに陥るケースも珍しくありません。

一〇年もブロックを積み続ければ壁積みのプロ。その人をロボットのようにコントロールしないほうがいい。子離れの潮時《しおどき》は、血のつながりに関係なく難しい。

8 そっとしといて欲しいと願う

私は、絶対的な苦しみを負わせた壁は取り壊されるべき、だと思っていました。ただ、そうとも限らないことを知りました。熊本にある国立ハンセン病療養所の菊池《きくち》恵楓園《けいふうえん》にお邪魔した時、案内してくださった方から「園と外を仕切る壁を、ある人は壊すことを願い、ある人は壊さないで欲しいと願った」というようなことを聞きました。また、「入所者の中にも（中略）療養所がなくなると、自分たちの居場所がなくなる恐れもあった」（朝日新聞）と元多磨全生園《たまぜんしょうえん》の形成外科医長で、現在国立ハンセン病資料館館長（以下、館長）がインタビューに答えています。

苦しみや悲しみを吐き出さず、そっとしといて欲しいと願い……社会的な価値を奪われ、将来の希望をグチャグチャにされても、壁を壊すことを願わない……。旧優生保護法は、ハンセン病の元患者さんを壁の中に閉じ込め、不妊手術を強制。宗教者は、「業病《ごうびょう》」と呪い、家族は「家の血筋が汚れる」と罵《のの》りました。

館長は言います。「優しいというのは、その人と同じ思いにならないとだめなの。でも私は医者で、彼らは元患者。その優位性がぷいっと出ていた。私も彼らも同じ人なのに、『もし私が同じ病気になったら』と考える力がなかった」。当時そう思えなかったことに、なぜ今、気づいたのですか？　と聞き手が迫ります。「年をとって、何もできなくなったからよ（中略）これから先、ますます何もできなくなるから、なおわかるかもしれない」。

もしも、私が菊池恵楓園の壁に閉じ込められ、壁を壊す／壊さないのコントロールができるなら、きっと、壊さないで欲しいと願ったと思います。それは、なぜだかわかりますか？　多くの方は、壁を壊し、自由になり、一般の社会で生きることが幸せだと思うかもしれません。でも、私は、館長が話していたように、私も含め私たちには「同じ病気になったらと考える力」がそもそも備わっていないと考えているからです。

差別は他人《ひと》ごとではなく、自分ごととして理解することが大切なのは、子どもでもわかっています。わかっていても、加害者には差別しているという意識が少ない、もしくはないのも事実なのです。その加害者は、犯罪者ではないし、特別な政治的権利をもった人間とは限りません。私も含め私たちなのです。

館長は九二歳になり、ようやく自らを悪人だと認めました。何もできず、無力だからこそ、元患者さんと向き合えたのです。インタビューの最後で、資料館を訪れる来館者に対して「『自分とはまったく関係のない病気』と思っている人には届きにくい」と言います。でも、あなたがそうであったように、届くと思ってはいけないのです。そう思うところが、まだまだ悪人が極まっていない。

9　幸せの眺め方

福祉はかっこ悪いし可哀そうな人や高齢者が必要とするもので「私には関係がな

い」と思っていませんか？　実は、私も三〇代までそう思っていました。先天的な障がいのある私がそうなのですから、みなさんが私には関係がないと思っても仕方がない。私が福祉について考えるようになったのは、足が痛み、歩くことが困難になってからです。身勝手なもので、痛みや苦しみが自分の身に降りかかるまで興味さえない。

先にも書きましたが、福祉は「幸せ」になろうという願いであり、社会福祉は、その実践であり実現です。では、幸せを実現するには、どうしたらいいでしょう？　みんなが優しい人間になる。思いやりのある社会を作る。そんな、小学校の道徳で学ぶようなことではなく、もっとリアルにどうしたらいいと思いますか？

社会福祉の究極の目的は、自己実現への援助であり、その在り方を追求していくことです。ただそれを達成するには、一つの分野だけではできません。大切なのは「袖振り合うも多生《たしょう》の縁」。社会福祉と袖が擦《す》れ合ったり、触れ合う分野とつながることが目的の達成には必要なのです。

意外かもしれませんが、社会福祉に擦れ合うのが「文化」です。「福祉の文化化と文化の福祉化」とも呼ばれ、とても相性がいい。そもそも、culture の語源は、「耕す」「手入れ」などの意味を持つラテン語の“colere”です。語源で「耕す」の意味がある通り、cultureには「文化」だけでなく「教養」「育成」という意味もあります。つまり、社会福祉を耕すには文化がもってこい。

約三〇年前に一番ヶ瀬康子さんは、福祉の質を高め普遍的な拡がりをもたせるために建築家やジャーナリスト、映画監督、レクリエーションワーカー、ビジネスマンなどを巻き込みます。それを「福祉文化」という概念で表現しました（『福祉文化論』）。

そもそも、社会福祉は、共感的消費者につながり、囲い込むことで小さくても頑強な壁を作ってきました。共感する者は、家族、親戚、町内の気の良い人がお決まりのラインナップ。「福祉文化」に関わる人は、そうではなくて、共感的消費者の外の人を含めている点が重要です。

私は、福祉と文化の両輪を動かすことを厚生労働省や文部科学省、文化庁に要請してきました。その目的は二つです。一つ目は、福祉に文化を交差させることで福祉を立体的に見せること。二つ目は、共感的消費者だけでいいと思ってきた社会福祉事業者の観点を変更させることです。難しいのは「福祉と文化」のバランスとコントロール。時には福祉を語り、場所をかえて文化を語る。意地悪な人には、福祉と文化をまぜこぜにして煙《けむ》に巻いて抵抗したり。

私も含め人は身勝手なものです。痛みや苦しみが自分の身に降りかかるまで興味さえない。ならば、正面突破を避け、サイドから攻めてみましょう。文化から「幸せ」を眺めれば、その価値も変わるはずです。つまり、「福祉」が変わるかもしれない。

10 ずっとそのままは無いよ

ここまで壁をコントロールできるなら、すべきだと書いてきました。無理やりにでも、意図的にそうすべきだとも書きました。でも、こうも思うのです。私は何さまだ……仏様や神様じゃあるまいし……自惚《うぬぼ》れるんじゃない、と。

私の父は晩年、母と離婚し、家族は離散しました。その後、大工仕事中に二階から転落して頭を強打します。以降はひどい目眩《めまい》に悩まされました。仕事と家族を失い、自殺未遂を繰り返して、最期は病院の階段から落ちてお空に還っていきました。

父の姿は、コントロールできない紙飛行機のようでした。目一杯頑張っても空回りする。良かれと思ったことが裏目に出る。気持ちとは裏腹《うらはら》に身体が壊れていく。それでも、大きな震災が起これば「お父ちゃん、困った人の手伝いできひんやろか」と電話をくれました。心底、一人がさみしかったのでしょう。父を見送った時、人を殺《あや》めるには刃物じゃなくて、社会との接続を切ればいいと思うようになりました。

私を真綿で包むように愛し、育ててくれた家族がお空に還っていく。心に大きな穴が空きました。その穴の横に、障がいのある者やその親御さんのやり切れない悲しみや怒りが穴を空けていきます。さらに、自らの身体の痛みが無数の穴を空けていきます。そんな時、仏教に出会い直したのです。

仏教は、私に「無常」を教えてくれました。「無常」の「常」とは、「ずっとそのまま」ということです。それに「無」がつくと、「ずっとそのままは無いよ」となります。つまり「うつりかわる」ということです。うつりかわるものは、「すべてのもの」です。今、意地悪な気持ちになっても、数分経てば優しい気持ちになることもあるでしょう。今日の身体の痛みが明日の痛みではありません。私たちの気持ちも身体も常にうつりかわっています。このように観ずることが無常観です。

ところが、私たちは、愛する人と「いつまでも」一緒にいたいと願います。いつまでも生きていたいから死ぬことを考えないようにします。でも、人は間違いなく愛する人と別れ、老い、死ぬのです。その事実と私たちの願いにズレが多くなれば苦しみが多くなり、少なければ苦しみが少なくてすみます。

私は五〇歳の桜の花が咲くころ、娘のさくらを授かりました。私は、桜の咲き方や散り際をコントロールできません。もっと愛《め》でたいと思っても、風が吹けばはらはらと散って「散る桜　残る桜も　散る桜」となります。良寛和尚《りょうかんおしょう》は、今美しく咲いている桜でも、いつかは必ず散ると詠みました。

必ず散る「いのち」だと、さくらに知って欲しい。だからこそ、悔いのないように、自分のお役目を果たして欲しいと願いました。いつか、さくらが愛する子どもを授かったら「ずっとそのままは無いよ」と話してやって欲しい。だから、思いっきりフルスイングしようぜってバットを渡してやってください。

添書き　居心地の悪い壁と、いい壁

誰かに「勇気をあたえたい」と思うあなたは、強者で賢者です。
だから、あなたに「ワタシを守る壁」なんて必要ありません。
私は、ワタシを守るために「仏教的なるもの」が必要でした。

1　仏教的なるものを選んだわけ

人が考え、言葉にするには、何かに寄っかかるものが必要です。ここまで、壁を乗り越えたり、横切ったり、籠ったりしてきましたが、正解が見つけられるはずもありません。あくまで、私はこのように考えてみました、と言うだけのことです。それもゼロから生み出すことはできず、個人的な考えに見えても、価値観は国の歴史や伝統と切り離せません。私の場合、「仏教的なるもの」から多くを学び、寄っかかってきました。壁の解釈もそれがベースになっています。

「仏教的なるもの」との出会いは、おばあちゃんの膝枕《ひざまくら》の上です。家の宗派である浄土宗と人生の苦労から得た教えをまぜこぜにした俳句や都々逸《どどいつ》で、貧乏のみじめさ、人間の矜恃《きょうじ》、悪い奴との闘い方なんかも教えてくれました。明治生まれのおばあちゃんは、貧乏で学校に行けず、漢字が読めませんでした。私に新聞を持ってきて「ここは、なんて、書いてあるんえ。ひろし、字が読まれへんて、ほんま、つらいし、悲しいことや」が口癖でした。

大学を卒業後、デザイン業界に入り、我欲の塊となって金持ちの喜びを謳歌《おうか》しました。三〇歳を過ぎたころ、過労から脚を痛め、リタイア。再び、「仏教的なるもの」に出会い直します。そんな時、五木寛之《いつきひろゆき》さんの『他力《たりき》』を読みました。「自力《じりき》」さえあれば必ず成果は出ると思っていた私は、五木さんの自力と他力の一節に、ガツンとやられました。

「エンジンのついていないヨットは、まったくの無風状態であれば走ることができない。少しでも風があればなんとかなるでしょうが、そよとも吹かなければお手上げです。ヨットの上で、どんなにがんばっても無駄《むだ》です。他力の風が吹かなければ、私たちの日常も、本当は思うとおりにはいかないものです」「風が吹いてきたときに、ヨットの帆をおろして居眠りしていたのでは、走る機会も逃《のが》してしまいます。ですから、無風状態がどれほど続いていても、じっと我慢し、注意ぶかく風の気配を待ち、空模様を眺めて、風を待つ努力は必要なわけです」。

待つ努力が自力、風が他力です。自力は必要ですが、それだけではダメ。風がなければヨットは少しも前に進みません。五木さんは五〇歳前に、二度目の休筆をして龍谷大学の聴講生として三年間、仏教史を学びました。私は彼の背中を追いかけるように四〇歳過ぎに同大学の学部生として四年間、同じ仏教史を学びました。仏教を興したブッダや浄土真宗の宗祖・親鸞の自力や他力への思い。残酷で冷酷な障がい者への差別と、その全否定。その後、私は、おばあちゃんの教えをベースに「仏教的なるもの」で日常を考えるようになりました。ちなみに、五木さんは待つ努力は自力ではなく、他力の働きだと感じるようになったと言います。その改め方、私もよくわかります。

2　弱者はターゲットじゃない

囲われて気持ちの良い壁ではなく、居心地の悪い壁をあげれば切りがありません。居心地の悪い壁は、誰のために、何のために、いつからあったのでしょう。二五〇〇年の歴史を持つ仏教で居心地の悪い壁の正体を探ってみたいと思います。仏教に限って居心地の悪い壁なんて作るはずがない、と思うのは早計です。結論から言うと、居心地の悪い壁もいい壁も作ってきた、が正解です。

まず、本題に入る前に、仏教の〝ややこしさ〟をお伝えします。仏教は時代ごと、地域ごとに、たくさんの教えや伝説があります。それを書いた経典を集めると体育館に収まらないと言われるほど。インドで興った仏教は、小乗《しょうじょう》仏教と大乗《だいじょう》仏教の二つに分かれ、小乗仏教は、スリランカなどを経てタイへ。一方、大乗仏教は、西域からチベットなどを経て中国から韓国へ、そして日本に。日本の仏教はブッダの仏教（小乗仏教）の体を成していないと言われることもしばしばですが、このあたりの時代背景も含め〝大きな流れ〟がわからないと仏教は理解できません。ただ、本書は専門書ではないので、これ以上は深入りせず、仏教の原点・ブッダと居心地の悪い壁や弱者との関わりについて見ていきたいと思います。

仏教はブッダから始まります。そもそもブッダは神ではなく私たちと同じ人間です。ブッダの教えは、命あるすべてのものに向けられたと言われますが、その主なターゲットは「出家者《しゅっけ》」でした。彼らは、家庭生活を離れ、仏教に帰依《きえ》した者たちです。つまり、ブッダは、出家者以外の者への教育や指導、さらに救済には消極的だったといえます。

ブッダは、現在の苦がどこから来たのかについては関心がなく、現在の業（身体的な行動や言動、心に思う働き）が未来の苦を発生しないように、正しい行いを出家者に教育や指導をすることに力を注ぎます。仏教サンガ（僧たちのコミュニティ、共同体のようなもの）に入団してきた出家者に「自己コントロール法」、つまり、自分の力で自分の欲望をコントロールする術を伝授することがブッダの利他行だったのです。

ブッダの生の言葉を記したとされる『ダンマパダ』という古い仏典には、「手をつつしみ、足をつつしみ、ことばをつつしみ、最高につつしみ、内心に楽しみ、心を安定統一し、ひとりで居て、満足している、──その人を〈修行僧〉と呼ぶ」とあります（中村元訳『ブッダの真理のことば　感興のことば』）。読み方を変えれば、手を、足を、言葉を制御できないものは、比丘《びく》（正式な僧となった男子）ではないということです。

発達障がいや知的障がい、身体障がいで言えばアテトーゼがある者は僧になれないし、仏教サンガにも入団できません。自己をコントロールできない者たちは、ブッダの仏教の枠外に置かれていたのです。残念ですが、そもそもの仏教とは、そういう居心地の悪い壁をもっていたようです。

3 「好意」が排除の芽になる

カースト階級を撤廃し「平等」を重んじる理想社会。それは、ブッダが描いた仏教サンガの最大の目標です。ブッダは、平等を実現するために「入門の自由」を掲げましたが、自己をコントロールできない者は排除しました。

フランスの社会学者のセレスタン・ブーグレは、『印度のカスト制度』の中で「仏教サンガはインド社会のカスト的性格から自由であったわけではなく」「仏教誕生のインドで仏教勢力がほとんどなくなってしまった原因はカストの力によるもの」だと指摘しています。また、仏教がカーストに何も変化をあたえられなかった理由として、第一に「仏教は根本的に貴族宗教だった」こと、第二に「仏教が現実逃避的」だったことをあげています。仏教勢力がインドでほぼ壊滅した事実を勘案すれば、ブーグレの仮説を荒唐無稽なものとはいえないでしょう。

ブーグレは、仏教サンガと俗世間（一般の人々が日常の暮らしをしているこの世）の友好を保つために、「穢《けが》れの存在」を拒絶する仏教サンガの差別性を指摘しました。

仏教が「進んで貧しき者を選んだとは思えない」「事実、如来〔ブッダ：引用者注、以下同様〕の周囲に集まったのは皆教育ある者、貴族家族 Kulapattâ〔貴族、バラモン出身者か大商人〕の子弟であった」「その教団は原則として、不具廃疾者〔身体障害者〕、罪人、逃走中の債務者、奴隷、年少者、要するに世俗間との紛争を誘発しそうな分子〔者〕は悉《ことごと》く拒絶している」。

経典に登場する仏弟子の出身階級や地域別分布をみると、明らかに支配階級の割合が多く、被支配階級の割合が少ないことがわかります。入団してきた出家者たちを「教育・指導」し、ブッダが辿ってきたのと同じ道を「自己をコントロールできる出家者」に伝授する。あくまで、ブッダ自身の能力を最も効率よく・間違いなく伝達するためのコミュニティが仏教サンガでした。

一方で、仏教サンガは、別個の独立社会を作り、独自性を守りながら一般社会の中に根を下ろして生きていく組織です。俗世間との間に密接な経済関係を結ばざるをえない閉塞性もありました。

その経済関係を結ぶツールが「乞食《こつじき》」です。僧が修行のため家の前に立ち、鉢をささげ、食べるものを乞《こ》い歩きます。人々に親切を勧め、それに応えていく乞食は、

「好意」の上に成り立つ合理的なシステムといえます。ある期待感や義務感をもって、あたえ、返礼しあうことで成立する互酬性は根源的な人間の行為で、無意識に連帯を維持することにも役立っていました。ただ、人々が「穢れた存在」に好意を抱くはずがありません。つまり、彼らがいると乞食は成立しない。好意は、障がい者をはじめ弱者を排除する萌芽となりました。

あたえ、返礼しあう行為からこぼれた人たちは、普通の枠には収まらない身体の形状や、知的、精神の障がいのある弱者でした。彼ら「穢れた存在」は、大きく二つの属性に分けることができます。それは、「先天的な障がい者」か「後天的な障がい者」です。その違いによって居心地の悪い壁の高さが変わっていくのです。

4　二つの物語

遠い昔から親しまれ、受け継がれてきた物語には私たちが共有している本質が含まれています。それが実際にあったかどうかは関係がなく、「心の事実」として、その物語を読むことに意味があるように思うのです。

ブッダの亡くなる日の最後の説法を物語化した『涅槃経《ねはんぎょう》』の「アジャセの王の物語」には、居心地の悪い壁が存在します。非道の王子アジャセは、自らの欲望を満たすために、父王を殺害しました。罪の意識から心を病み、やがて身体じゅうに皮膚病を生じ、悪臭を放ちます。現代に引き寄せれば、障害者総合支援法の難病に指定されるような障がいです。でも、ブッダは、そんなアジャセ王を救います。

私は、この物語が腑《ふ》に落ちません。そもそもブッダは、障がい者の救済に消極的だったはず。なのになぜ、アジャセを救ったのでしょうか？　私は、アジャセが「後天的な障がい者」だから救ったのではないかと思うのです。ブッダは、「先天的な障がい者」は穢れているが、「後天的な障がい者」はそうじゃないと判断したのではないでしょうか。

一方で、「先天的な障がい者」には穢れがないことを肯定する「愚鈍なパンタカの出家」という物語もあります。ブッダは、「自分の愚かさを思量する愚者は、それ故、彼は賢者である。自分は賢いと思う愚者こそ、実に彼は本物の愚者と言われる」と語ります。

パンタカという青年は、お金の使い方がわかりません。財産も底をつき、食うや食わずの生活を続けているパンタカを見かねたブッダは、パンタカの悪業を払うために短い二句「私は塵《ちり》を払う。私は垢《あか》を払う」をあたえました。でも、覚えられない。そこで、ブッダはパンタカに比丘たちの草履《ぞうり》の汚れを落とすように告げます。すると、パンタカは汚れを落としながら「私は塵を払う。私は垢を払う」を自問自答した後、煩悩は外界からあたえられるものではなく、自分の内面に宿るものだと理解し、悟りを開いたと言われています。その後、一切の煩悩を断じて阿羅漢《あらかん》（修行者の到達しうる最高の位）を得ました。

でも、「アジャセの王の物語」と同じように、この物語も腑に落ちません。そもそもブッダは、障がい者の救済に消極的だったはずです。なぜ、パンタカを救ったのでしょうか？　ここでの私の推理はこうです。パンタカに自らを愚者と自覚できる知的能力が備わっていた。つまり、パンタカは、知的障がいが軽度（精神年齢九〜一二歳）で、自己をコントロールすることがある程度可能だったから、ブッダは救ったのではないか。

ブッダは、「愚かさを思量する愚者」を「賢者」と呼んでいます。「先天的な障がい者」でも思量できる者は救済する。でも、自己をコントロールできない重度の障がい者は、救われない。ブッダの仏教には、そんな居心地の悪い壁を感じるのです。私の考え過ぎでしょうか。

5　人々に代わって苦を受ける

居心地の悪い壁は、ブッダの仏教だけではありません。『古事記』や『日本書紀』では、「先天的な障がい者」を安楽死させ、海に捨てたという物語があります。『古事記』には、結婚の儀式で、女性が先に発言したのでヒルコが生まれ、彼を葦船《あしぶね》に乗せ海に捨てたと書かれています。『日本書紀』には、イザナギとイザナミの第一子で、アマテラス・ツクヨミ・スサノヲの兄であるヒルコは、三歳になっても足が立たず、手足はグニャグニャ。言語障がいもあったようです。未熟児で重度の脳性マヒ症状のある「先天的な障がい者」のヒルコは、葦船に乗せられて海に捨てられました。ヒルコは、日本の文献で初出の身体障がい児で、かつ、同意なき安楽死の初出だったとも言えるわけです。

これは一種の代受苦《だいじゅく》（人々に代わって苦を受ける）です。代受苦は、ある者を犠牲にして、自らや組織の生存を維持、発展させる試みです。地蔵菩薩《じぞうぼさつ》の「身代わり信仰」として日本人にも身近な事柄で、水難や火難、手足の切断、失明といった身体の損傷や生命の危急から救ってくれるとされています。

つまり、代受苦や身代わり信仰は、他者を救うために我が身を捨てる（布施）ことなのです。他者の利益を願い、自ら他者の苦をとってあげたいという、共に悩み、同情する表現と行動の現れでしょう。しかし、このような利他的行為について歪んだ捉え方をする向きも少なからずあります。

「病者は、病者となっただけですでに社会的意義のある位置を占めているという評価を導き出すことが可能である」（「病いの利他性に関する一考察――犠牲者非難イデオロギー対代理苦イデオロギー」）とした上で、障がい者はそれだけで「代受苦」を行う菩薩だという医療倫理の研究者がいます。

彼は、仮説の根拠を「集団（正常群＋異常群）から分別される異常群についての代表的な統計的数値（罹患《りかん》率・有病率・死亡率など）」にあるとし、多くの疾患では、「ある一定集団全体の中で異常とされる群の占める割合が、ある一定期間に限ってみれば、ほぼ一定の傾向を示しているように思われる」と主張します。ダウン症を例にあげて、「一〇〇〇人に一人がダウン症になることが確率的に不可避だと見なされる社会は、ある一人がダウン症になることを引き受けるならば、他の残りの九九九人はダウン症から免れうる勘定になっている構図を示すことになる。つまり、この一人のダウン症患者は、そうでない人々に対して、結果的に利他行為を行ったことになる」と書きます。

私のまわりに「病者は、病者となっただけですでに社会的意義のある位置を占めている」ことや、障がいを背負ったことを利他行為だと納得する障がい者や親はいません。ヒルコも同意をして安楽死を選んだわけではないでしょう。でも、居心地の悪い壁の中で育ち、捨てられ、社会的意義を無理やりあたえられたヒルコは、泣き寝入りしませんでした。

6　ヒルコ・カムバック！

ヒルコが、帰ってきた。西宮神社に伝わる伝説では、ヒルコは海を渡り、摂津国西の浦（現在の兵庫県西宮市）にたどり着いたと言われています。地元の漁師が見つけ大切に育て、後に戎大神《えびす》として祀《まつ》られます。こうして、七福神の中の海の神となったのです。

河合隼雄さんは、ヒルコのカムバックを次代の日本や日本人の希望だと捉えていました。それを知るためには、彼の「中空構造（中空均衡構造）」を知る必要があります。少し横道にそれますがお付き合いください。彼は、日本人の心の深層を解明するモデルとして『古事記』における中空構造を示し、西欧の中心統合構造と対比させてみせました。中空を平たく言うと「正」と「反」の間にある灰色のような、無色のような、バッファ的なものを言います。

日本神話の中心は、空であり無。これは、日本人の思想や宗教などのプロトタイプです。河合さんは、日本と西洋の歴史の違いも、この中空構造があったためだと考えました。西洋の歴史は、「正」と「反」が対立し、弁証法的な過程を経て、止揚されて「正」と「反」そして「合」になります。一方で、日本には、そのような構造はありません。はじめから三つがあって、それぞれがバランスをとりながら進んでいく。真ん中が中空だと、お互いの間で妥協を図ることができます。自分とは違うものを排除するのではなく相手を自分の中に入れる構造、それが中空構造なのです。

ヒルコに話を戻しましょう。捨てられた者が、カムバックし、英雄になった伝説は世界中にあります。日本のアニメでは、『あしたのジョー』や『タイガーマスク』、『仮面ライダー』も同系の物語でしょう。水に流された者がカムバックし、帰属集団にとって極めて重要な人物になる物語では、旧約聖書に出てくるモーゼの話もそうです。

河合さんは、『深層意識への道』で「中空均衡構造で日本はいままで頑張ってきたけれども、これからはヒルコに帰ってもらうべきだというのが僕の考えなのです」「ヒルコに帰ってもらうのだけれども、うっかり真ん中に帰ってきたらがらりと変わるだけです。中心統合型になるだけで、それでは面白くない。だから、帰って来てもらうのだけれども、中空構造も維持したままでヒルコに帰って来てもらうという、そういう非常に難しいことをするのが現代の日本人の課題だ、というのが私が日本の神話から考えたことです」と本を締めました。

安楽死させられた、未熟児で重度の脳性マヒ症状があったヒルコが蘇り、神となって、日本人の心の構造を再構築していく。泥を飲んだヒルコなら居心地のいい壁を作るかもしれません。中空構造と中心統合構造の一方を軸にしながら、もう一方の構造を尊重する。その難しい舵取りをヒルコがするなんて、なんと痛快な物語でしょう。

7　欺瞞を抉りだす

私の「仏教的なるもの」は、平安末期から鎌倉時代に生きた親鸞（一一七三〜一二六三）に倣っています。親鸞は、ブッダのように自己をコントロールできませんでした。当然、自己で悟りに至ることもできません。また、ブッダのように仏教サンガというコミュニティをもっていません。それでも、さまざまなことを、深く鋭利に考えた人です。この節から最終節までは親鸞に絡めながら「居心地のいい壁」について話を進めていきます。

そもそも親鸞は、普通の僧ではなく破戒《はかい》僧でした。彼は、僧としての戒律なんて守りません。禁止されていた妻帯も平気だし、なまぐさも食べる。晩年には、子どもにも背かれてしまう。私たちと同じようなことを普通に行うわけです。また、当時、人気を集めていた「死んだら浄土へ行けるぞ」という信仰は真っ赤な嘘だと言います。「坊主が上目線で何をいってるんや、そうやなくて、坊主のほうから、普通の人の生活に近づいていかなあかん」というのが親鸞の考え方です。

彼は、戒律そのものを疑ったのです。深く考えずに戒律を守っている人はあっけにとられたでしょう。「既成の知や制度化された知」がただちに否定されるべきではありませんが、そのような知に寄生して、のうのうと生きている個人や組織をバラバラにしてきたのが親鸞です。仏教は嘘をついていないか……私のお役目はなんだろう……終生、自他の欺瞞《ぎまん》を抉《えぐ》りだそうとします。

世の中には、「言われたことをするオペレーター」はたくさんいますが、自分から「その目的は何か」と考えたり、「もっと良い方法があるのではないか」と気づく者は限られています。さらに、親鸞のように自他を疑い、正そうとする者はもっと少ないはず。疑う力を育てるには、他者の視点で考えることがポイントです。そうすると、自分に足りないものがおのずとわかるものです。

親鸞は、自分に足りないものを探すために、地べたを這ってきた人の生活に近づこうとしました。特別な仏教的な教義が理解できなくても、「南無阿弥陀仏《なむあみだぶつ》」と書かれた掛け軸をどこかに掛けて、ただ人が集まり、困ったことや泣きごとをもちよって話すことで救われると、親鸞は言います。

ただ、親鸞は生来、地べたを這ってきた人ではありません。生まれは下級といえども貴族。比叡山で二〇年近く修行をしてきた僧で、学もある。親鸞が彼らと同じ地平に立ちたいと思っても、たどり着けない。刷り込まれた学びは消えるものではありません。彼らの生活に近づきたくても、近づけない。親鸞は、終生、そんなジレンマを抱えて生きていきます。

8 愚か者だから救われる

愚行権《ぐこうけん》をご存じですか？　愚かで破滅的な行いであっても、他の人に迷惑をかけない「私」の領域なら、誰にも邪魔されない自由がある。それが愚行権です。愚かな行為の結果として受ける批判や軽蔑は、本人が引き受けなければならないのですが、私は愚行権擁護派です。決して、度を越えた愚行（例えば麻薬を吸う自由）をお勧めするわけではありませんが、「わかっちゃいるけど、やめられない」弱くて脆《もろ》いのが人間なのです。

私の愚か者史観は、親鸞から始まります。親鸞は、比叡山において二〇年にわたり厳しい修行を積みますが、自力修行の限界を感じるようになり下山。その後、「南無阿弥陀仏」をひたすら唱える「専修念仏」の教えを説いた法然《ほうねん》に入門しました。

親鸞は、「他力をたのむ」という言葉を残しています。一般的に「他力」は、「自分以外のものの力」「他人の助力」と思われがちですが、親鸞の「他力をたのむ」は、まったく違います。「他力」とは、阿弥陀様の「どんな人も、苦しみを根こそぎ抜き、絶対に幸せにする」（これが本願と言われるものです）力なのです。しかも「たのむ」とは、「あてにする」ことではなく、「憑む」という漢字を書き、「よりどころとする」という意味で使われます。つまり「他力をたのむ」とは、「阿弥陀様の本願をよりどころとする」ということです。

では、「たのまれた」阿弥陀様は、どのような人間から順に救っていくのでしょうか？　いの一番が「愚か者」です。愚かで破滅的な行いをする人間から救い出すなんて不思議な感じがしますが、親鸞は、「善人《ぜんにん》なほもて往生《おうじょう》をとぐ、いはんや悪人をや」（『歎異抄』）と語ります。「善人でさえ浄土に往生することができるのなら、悪人はいうまでもありません」ということです。常識を揺さぶるような逆説的な思想が親鸞の十八番《おはこ》です。

当時の愚か者は、「いし・かわら・つぶてのごとくわれらなり」と呼ばれる、「生き物を殺すことを生業にする者やそれを商いにする者、犬神人《いぬじにん》と呼ばれる死体の清掃人、ハンセン病の者、障がい者」など、閉ざされた世の民でした。さらに、嘘やはったりで人を騙す者、博打で身を滅ぼした者、破戒僧の親鸞など、自力では如何ともしがたい人間は、阿弥陀様にすがるしかしょうがない。

苦しみなんて感じたことがないし、自力でなんでもできる人間は、愚か者ではありません。そんな、あなたは強者で賢者です。だから、阿弥陀様は知らんふり。どうぞ、ご自由になさってください。一方で、「わかっちゃいるけど、やめられない」弱くて脆い私のような人間は、遠慮なく他力にたよればいいのです。

9　付近にしか立てない

居心地の悪い壁の多くは、「既成の知や制度化された知」が絡んでいます。それをバラバラに解体して、居心地のいい壁を作る。その壁の中では、自分から相手に意地悪なことはしたくないし、相手に意地悪なことを考えさせたくない。みんながそういう場を望んでいるということを、私は親鸞から学びました。

その場には、当然、自己をコントロールできない人も混じっています。重度の知的障がい者は、自らの潜在能力さえ認めず、自らの手で成長することもできず、自らを信じることもできない、と思われがち。なぜなら、彼らの多くがノンバーバルで、コミュニケーション手段が身体を使った動きに限られており、自らの思いを伝えきれないからです。

しかし、彼らの行動には「微弱な言葉」が潜んでいるように思うのです。その言葉は届く範囲が限られていて、聞こえる人も限られています。だから、私たちはその言葉を回収し、遠くまで届けるために、声の大きな代弁者になろうとします。でもそれは、知らず知らずのうちに彼らをコントロールし、従わせるという毒を含んでいきます。そうではなく、私たちは彼らの生活に近づくだけでいいのです。そうすれば、微弱な言葉を拾うことができる。

先ほども書きましたが、私たちは彼らと同じ地平に立つことはできません。私の苦しみは、どこまでいっても、私の苦しみ。身代わりにあなたが背負うことは不可能です。でも、同じ地平〝付近〟に立つことならできます。私は、付近に立つことで十分だと思うのです。

親鸞は、「あらゆる衆生は本願の呼びかけられている存在」だと言います。つまり、自己をコントロールできない人も、できる人も阿弥陀様の「呼びかけを聞く」存在として同じ地平に立つ者だと解釈します。阿弥陀様の前では、絶対平等だから、みんなが同じ地平に立つことが可能なのです。でも、親鸞は（当然、私たちも）、〝付近〟にしか立てない。この微妙な違いを知ることは、居心地のいい壁を作る上で大切なポイントです。

文字が読めなくても、コミュニケーションが苦手でも結構。罪人でもいい。如何ともしがたいものを抱えたり、追い詰められた者は、愚直に阿弥陀様に救いを求めるはずだと親鸞は考えました。つまりこれが「いはんや悪人をや」の悪人正機《あくにんしょうき》です。

われわれは石や瓦、礫《つぶて》のようなものなのです。阿弥陀様の目から見れば、小さく愚かな存在でしかありません。でも、その愚かさと徹底的に向き合うことで、自分から相手に意地悪なことはしたくないと思えるし、相手に意地悪なことを考えさせたくないと思えるわけです。

10　意志はあやふやでいい

「わたしのいうことを信じるか」「はい、信じます」「それでは、わたしがいうことに背かないか」「はい、背きません」「まず、人を千人殺してくれないか。そうすれば往生はたしかなものになるだろう」「……わたしのようなものには一人として殺すことなどできるとは思えません」「それでは、どうしてこの親鸞のいうことに背かないなどといったのか」。これは、『歎異抄』に出てくる親鸞と唯円《ゆいえん》との刺激的な会話です。

そもそも、世間は虚仮《こけ》なものです。その世間に寄りかかる私たちの意志があやふやであっても仕方がない。石のように強く硬い意志があるなんていう人間は眉唾物《まゆつばもの》です。

道徳を辞書で引くと「ある社会で、人々がそれによって善悪・正邪を判断し、正しく行為するための規範の総体（大辞林第三版）」と書いてあります。しかし、私は、状況によって何をしでかすか、わかりません。正しい行為がいつも正しいとは限らないし、正しい行為をずっとできるとは言えない。

人は一日で六道（天道・人間道・修羅道・畜生道・餓鬼道・地獄道）を一周すると

言われています。午前中は人間だったのに、昼一番には修羅、三時のおやつのころには畜生になっている。毎日、他の命を奪って生きているのだから、天道には踏み込めなさそうですが。

親鸞は、終生「悟った」とは言いませんでした。その一方で、「信心の人は如来《にょらい》に等しい」とも言います。鈴木《すずき》大拙《だいせつ》さんは、その如来を「浄土系信者の中で特に信仰に厚く徳行に富んでいる」(『日本的霊性』)妙好人と呼びました。

下駄職人として暮らしていた普通のおじさんの浅原才市《あさはらさいち》さんは、「ええなぁ　世界虚空が　みなほとけ　わしもその中　なむあみだぶつ」と詠みます。六四歳のころから、七〇〇〇首から一万首ぐらい作られたといわれています。鈴木さんは、浅原さんを「実に不思議な宗教的情操の発露」の妙好人として高く評価しました。きっと、親鸞も浅原さんを見たら「如来に等しい」と思ったことでしょう。

私にとっての妙好人はおばあちゃんです。幼少のころは、子守で生計を担い、学校にも行かずじまい。結婚後は、昼は酒屋で働き、夜は縫い物の仕事をしながら、念仏風都々逸を歌ってくれました。一緒に暮らしたのは五歳ぐらいまででしたが、私の「宗教的情操」は、おばあちゃんから受け継いだものです。

自分の意志はあやふやで、いつも揺らぎ、道徳も倫理も不確実。妙好人は、きっとそう感じていたはずです。戦争というご縁があれば、人間は千人でも万人でも殺す。ご縁しだいで生き様は変わっていく。それが親鸞や浅原さん、おばあちゃんの諦観だったように思います。

11　納まるところに納まる

娘のさくらが私のスイミングのリハビリに付き合ってくれます。平泳ぎ風に手足を動かしてもすぐにアップアップ。力んで泳いでも数メートルが限度です。海なら身体が浮いて泳ぎやすくなります。流れに逆らわず、身体の力を抜き、大の字になれば、遠くまで運んでくれるでしょう。力んで泳ぐ必要はありません。自然の前では自力は無効です。親鸞は、それを自然法爾《じねんほうに》と呼びました。平たく言えば、「おのずからそうなる」ということです。荒ぶる海も、緑が美しい山も、人間がデザインしたわけではなく、おのずからそうなっています。

良かれと思ったことが裏目に出ることもあります。善意のつもりが、相手によっては余計なお世話。悪意にとられるかもしれません。やるだけやっても、上手くいく保証はないし、無駄に終わることもあります。他方で、力を尽くさなくても終わってみたらうまく済んだという経験もあるでしょう。終わり良ければすべて良し、と思うこともある。つまり、人事を尽くしても、尽くさなくても、おのずから納まるところに納まるのです。「それはそれでええ、あとは阿弥陀様にお任せや」と考えたのが晩年の親鸞だったように思います。

無学の者や悪人（武士はもとより、猟師、漁民、農民といった、生き物の命を奪うことでやっと生計を保っている人たち）に救いの道をひらいた親鸞は、既存の仏教教団から反感をかい、朝廷への訴えによって、三五歳で越後《えちご》に流罪《るざい》、その後、関東を行脚《あんぎや》します。故郷の京都に帰ってきたのは六〇歳を過ぎてからでした。

親鸞は、比叡山の約二〇年と、流罪にされてから関東での一人布教の約二〇年で、すべての実践は自力ではなく、阿弥陀様という他力が働いていると深く味わいます。それが、親鸞にとっての常識と法則です。

海に入る前に、海の常識や法則を知ったほうがいい。海水には塩以外にもいろいろなものが溶けていて、水よりも比重が高くなる。身体はそれに比べて軽い。肺に空気を溜めればもっと軽くなる。だから、浮くのです。その常識と法則を知れば、恐くて手足をバタつかせることもないし、心配ごとも減ります。

私は、用心深く身体をケアしていますが、それでも、急に脚が痛くなったり、動かないことがあります。それはそれでいいのです。身体は借り物。物である以上、使えば使うほど傷は多くなるし、壊れていく。徐々に弱っていくのが自然なのです。最後は、おのずから納まるところに納まります。そう考えるのが私の居心地のいい常識と法則です。

おわりに

愛する人を守るためには、私はワタシを守らなければならない。そのために壁の中に籠ることを肯定したい。けっして心のバリアフリーだけが幸せになる行為ではない。それが本書で一番伝えたかったことです。執筆中にそんな思いを強くさせる歴史的な事件が起こりました。

正月気分が残っていた二〇二〇年一月初旬、第三章あたりを書いていたときです。なにげなく新聞をみると「中国・武漢　原因不明の肺炎」という記事が載っていました。当時は、新しい風邪の一種ぐらいにしか思っていませんでしたが、あれから一五〇日以上が経ち新型コロナウイルスは、世界に大きな災《わざわ》いをもたらしました。フランスは、死者の四割が介護施設の入居者に集中し「もはや介護施設ではなく、死に場所だった」と伝えられ、日本の都市部では、陽性の看護師が陽性の患者をケアしなければならないほど医療崩壊が進みました。すでにコロナ禍の第二波、第三波が来ることが予想されています。私たちが現在置かれている状況を、誰が想像できたでしょうか。

コロナは、富者、貧者にかかわらず、無差別に人を襲いました。私たちは、過去に起こった事件や事故なら、ある程度、身構えることができます。でも、なにしろあいつは未知のウイルス。感染力も、社会生活への影響もわかりません。国も研究者も感染を抑えるために「家にいる」ことを要請し、いやが応でも私たちは一人ぼっちになりました。愛する人を守るためには、私はワタシを守らなければならない現実に直面したのです。

そしてこの厄災が機縁となって、私は、集まって生きることを心の底から欲しました。バーチャルではなくて、人に会いたい、その身体に触れたい、匂いを嗅ぎたい、どれも忘れかけていた私の欲望です。壁の中に籠ることで気づくことができました。

壁の正体を知るために、以前からご著書を愛読していた熊谷さんに対談をお願いしました。熊谷さんからいただいた「一人ひとりで、共に」という言葉は、「一人ひとりで」内省できる壁を作りつつ、時には壁を壊して「共に」生きることを選び取る柔軟な態度が示されています。「ひとり」でいる私も「共に」いる私も肯定する。その二つのバランスを保つために壁が必要なのかもしれません。対談の中で、お互いの身体の「痛み」について話しました。私も熊谷さんも先天的に身体に痛みがあります。如何ともし難い痛みが年々増すのも同じです。自らの「痛み」の経験を調査し、社会的な意味に接続させることで新たな物語が書けるかもしれない。そんなヒントをいただきました。

壁に閉じこもりがちな私を引っ張り出してくれたのは、NPO法人東京自由大学の今井章博さんです。二〇一八年から三年連続で三冊目の共同作業になります。マニアックすぎる「添書き」を本書に入れることを迷っていたら「必要だと思いますよ」と背中を押してくださいました。今井さんからご紹介いただいたのは、河出書房新社 編集第一部の尾形龍太郎さんです。第一印象は知的でシュッとしていてオシャレで穏やか。尾形さんから装画を決めるときに「私の編集方針として『著者の方が、名刺代わりに渡したくなる本としたい』ということが前提にあります。今中さんのご意見を伺えますと幸いです」とメールをいただきました。歴史的な時世を背景として、私の名刺代わりの本ができました。お二人に心から感謝申し上げます。

最後に白状することがあります。そもそも本は「読んで欲しい誰か」を想定します。当初、考えていたのは「壁の中に籠りがちなあなた」「壁を壊して外に出たがるあなた」でした。いずれにしても壁を意識しているあなたです。

ところが、書き進めるうちに娘のさくらを通して、あなたを感じていることに気がつきました。そしてあなたを通して未来のさくらに届くことを願っていました。娘にあてた偽りのない気持ちをあなたに向けて書いたつもりです。いつか、どこかで壁に出くわしたら読んでみてください。

二〇二〇年初夏

今中博之

今中博之（いまなか・ひろし）

1963年生まれ。ソーシャルデザイナー。社会福祉法人 素王会 理事長。アトリエ インカーブ クリエイティブディレクター。公益財団法人東京オリンピック・パラリンピック競技大会組織委員会：文化・教育委員会委員、エンブレム委員会委員。厚生労働省・文化庁：障害者の芸術振興に関する懇談会構成員、障害者文化芸術活動推進有識者会議構成員。イマナカデザイン一級建築士事務所代表（一級建築士）。金沢美術工芸大学非常勤講師。偽性アコンドロプラージア（先天性両下肢障がい）。1986年〜2003年、株式会社乃村工藝社デザイン部在籍。企業ショールーム、国際博覧会などのデザインにとどまらず、介護・医療施設、児童施設、障がい者施設などのディレクション活動を展開。2002年に社会福祉法人 素王会 理事長に就任。知的に障がいのあるアーティストが集う「アトリエ インカーブ」を設立。アーティストの作品を国内外の美術館やギャラリー、アートフェアに発信する。ソーシャルデザインにかかわる講演多数。グッドデザイン賞（Gマーク・ユニバーサルデザイン部門）、ディスプレイデザインアソシエイション（DDA）奨励賞、ウィンドーデザイン通産大臣賞など受賞多数。著書に『アトリエ インカーブ物語――アートと福祉で社会を動かす』（河出文庫）、『社会を希望で満たす働きかた――ソーシャルデザインという仕事』（朝日新聞出版）、『観点変更――なぜ、アトリエ インカーブは生まれたか』（創元社）、共著に『かっこいい福祉』（左右社）などがある。

アトリエ インカーブ　http://incurve.jp

壁《心のバリアフリー》はいらない、って言われても。

二〇二〇年七月二〇日　初版印刷
二〇二〇年七月三〇日　初版発行

著者　今中博之
発行者　小野寺優
発行所　株式会社河出書房新社
〒一五一-〇〇五一
東京都渋谷区千駄ヶ谷二-三二-二
電話　〇三-三四〇四-一二〇一［営業］
〇三-三四〇四-八六一一［編集］
http://www.kawade.co.jp/
組版　KAWADE DTP WORKS
印刷・製本　三松堂株式会社

Printed in Japan
ISBN978-4-309-02900-9

アトリエ インカーブ物語

アートと福祉で社会を動かす

今中博之

知的に障がいのある
アーティストが集《つど》う場所
「アトリエ インカーブ」。
世界的に評価の高い
アーティストを輩出した工房は
何の為に、いかにして誕生したのか？
奇跡の出会いと運命、
必然が交錯した二十年の物語が
幕を開ける。（河出文庫）

日比野克彦氏推薦！

先入観があるという先入観を捨てる。